PASSPORT BOOKS

SPANISH PICTURE DICTIONARY

Angela Wilkes
Illustrated by Colin King
Translated by Yon Oria

Consultant: Betty Root

Fifi   Zizi   Sam Strongman   The dogs   Grandpa

Aa

actor — el actor

Es un actor famoso.
He is a famous actor.

afternoon — la tarde

Juega al fútbol el sábado por la tarde.
He plays soccer on Saturday afternoon.

Ven a verme esta tarde.
Come and see me this afternoon.

about — de

El libro trata de¹ dragones.
The book is about dragons.

to add — añadir

Aggie añade azúcar al té.
Aggie adds sugar to her tea.

again — de nuevo

Enrique tiene de nuevo un accidente.
Henry has an accident again.

above — por encima de

La cometa vuela por encima del árbol.
The kite flies above the tree.

address — la dirección

Esta es la dirección de Enrique.
This is Henry's address.

against — contra

Fifi se apoya contra la pared.
Fifi is leaning against a wall.

accident — el accidente

Enrique tiene un accidente.
Henry has an accident.

afraid — tener miedo²

El perro tiene miedo del ratón.
The dog is afraid of the mouse.

age — la edad

Los hombres tienen la misma edad.
The men are the same age.

across — a través de

El perro corre a través del parque.
The dog runs across the park.

after — después de

El martes viene después del lunes.
Tuesday comes after Monday.

Es después de la medianoche.
It is after midnight.

air — el aire

El avión está en el aire.
The airplane is in the air.

---

4   1. In Spanish you use the verb **tratar de** to say "is about" for books.   2. You say "to have fear" in Spanish.

airplane **el avión**

Este avión es verde.
This airplane is green.

airport **el aeropuerto**

El aeropuerto está debajo.
The airport is below.

alarm clock **el despertador**

El despertador está sonando.
The alarm clock is ringing.

all **todos/as**

Todos los ratones son rosados.
All the mice are pink.

almost **casi**

**Casi ha terminado el
rompecabezas.**
He has almost finished the puzzle.

---

alone **solo/a**

Fifi está completamente sola.
Fifi is all alone.

along **a lo largo**

**Las flores crecen a lo largo del
sendero.**
Flowers grow along the path.

alphabet **el alfabeto**

**Todas estas letras están en el
alfabeto.**
All these letters are in the alphabet.

already **ya**

Zizi ya tiene una tartita.
Zizi already has a cupcake.

also **también**

**Zizi es una chica. Es también
una nena.**
Zizi is a girl. She is also a baby.

**Fifi no sólo es bonita, sino que
es también lista.**
Fifi is not only beautiful; she is also
smart.

---

always **siempre**

**Enrique siempre tiene
accidentes.**
Henry always has accidents.

ambulance **la ambulancia**

La ambulancia está llegando.
The ambulance is arriving.

among **entre**

**El gato se esconde entre los
pájaros.**
The cat is hiding among the birds.

and **y**

Aquí están Fritz y Hank.
Here are Fritz and Hank.

angel **el ángel**

El ángel está volando.
The angel is flying.

angry	**enfadado/a**

El ángel está enfadado.
The angel is angry.

animal	**el animal**

Todos éstos son animales.*
These are all animals.

another	**otro/a**

Bill toma otra tartita.
Bill takes another cupcake.

answer	**la solución**

Aquí está la suma con su solución.
Here is an addition problem and the answer to it.

ant	**la hormiga**

La hormiga corre sobre el libro.
The ant runs over the book.

---

any	**algún¹/alguno/a**

¿Hay alguna mesa libre?
Are there any tables free?

anybody	**alguien**

¿Hay alguien ahí?
Is anybody there?

apartment	**el apartamento**

Fifi vive en un apartamento.
Fifi lives in an apartment.

apple	**la manzana**

Fifi está comiendo una manzana.
Fifi is eating an apple.

apron	**el delantal**

Bill se pone el delantal.
Bill puts on his apron.

to argue	**disputar**

Bill y Ben están disputando.
Bill and Ben are arguing.

---

arm	**el brazo**

Ben tiene un brazo roto.
Ben has a broken arm.

army	**la mili**

Bill está en la mili.
Bill is in the army.

to arrange	**arreglar**

Fifi arregla las flores.
Fifi arranges the flowers.

to arrive	**llegar**

Llega el tren.
The train is arriving.

arrow	**la flecha**

Sherlock Holmes encuentra una flecha.
Sherlock Holmes finds an arrow.

---

1. **Algún** is for masculine singular nouns.

| artist | el artista | aunt | la tía | back | la espalda |

El artista está pintando.
The artist is painting.

Mi tía Aggie es la hermana de mi mamá.
Aunt Aggie is Mom's sister.

Enrique se rasca la espalda.
Henry scratches his back.

| as | mientras
tan . . . como (as . . . as) | (to take) away | llevar | bad | malo/a |

Mientras salíamos, estaba lloviendo.
As we were leaving, it was raining.

Bill es tan alto como Ben.
Bill is as tall as Ben.

El viento le lleva el periódico a Ben.
The wind takes Ben's newspaper away.

Sam es un niño malo.
Sam is a bad boy.

Hoy hace malo.
The weather is bad today.

| to ask for | pedir (i) | | | bag | la bolsa |

Zizi pide una manzana.
Zizi asks for an apple.

B b

La bolsa está llena de dinero.
The bag is full of money.

| astronaut | el astronauta | baby | el nene[1] | baker | el panadero |

He aquí un astronauta.
Here is an astronaut.

El nene está llorando.
The baby is crying.

El panadero hace pan.
The baker makes bread.

| at | a (time)
en (place) | baby carriage | el cochecito | ball | el balón |

Tomamos el té a las cuatro.
At four o'clock we have tea.

Los niños están en la escuela y Ben está en el trabajo.
The children are at school and Ben is at work.

Zizi está en el cochecito.
Zizi is in a baby carriage.

Max coge el balón.
Max catches the ball.

---

1. a baby girl = **la nena**

balloon **el globo**	to bark **ladrar**	beach **la playa**

Zizi corre tras el globo.
Zizi chases the balloon.

El perro ladra.
The dog is barking.

Fifi está tumbada en la playa.
Fifi is lying on the beach.

banana **el plátano**	baseball **el beisbol**	beak **el pico**

Un racimo grande de plátanos.*
A big bunch of bananas.

Enrique juega al beisbol.
Henry is playing baseball.

El pájaro tiene un pico rojo.
The bird has a red beak.

band **la banda**	basket **la cesta**	bean **la alubia**

La banda está tocando música.
The band is playing music.

La cesta está llena de manzanas.
The basket is full of apples.

Son alubias* verdes.
These are green beans.

bank **la orilla**	bathroom **el cuarto de baño**	bear **el oso**

Jim está a la orilla del río.
Jim is on the river bank.

La bañera está en el cuarto de baño.
The bathtub is in the bathroom.

Bruno es un oso pardo.
Bruno is a brown bear.

bank **el banco**	bathtub **la bañera**	beard **la barba**

Fred sale corriendo del banco.
Fred runs away from the bank.

El gato está en la bañera.
The cat is in the bathtub.

El hombre tiene una barba larga.
The man has a long beard.

8

beautiful	**bello/a**

Una bella princesa.
A beautiful princess.

because	**porque**

El nene llora porque tiene hambre.
The baby is crying because he is hungry.

Está gordo porque come demasiado.
He is fat because he eats too much.

bed	**la cama**

El rey está en la cama.
The king is in bed.

bedroom	**el dormitorio**

La cama está en el dormitorio.
The bed is in the bedroom.

bee	**la abeja**

La abeja está en la flor.
The bee is on the flower.

beef	**la carne de vaca**

Bob está cortando la carne de vaca.
Bob is slicing the beef.

before	**antes (de)**

El lunes cae antes del martes.
Monday comes before Tuesday.

Es antes de la medianoche.
It is before midnight.

¿Por qué no me lo has dicho antes?
Why didn't you tell me before?

to begin	**comenzar (ie)**

Comienza a llover.
It is beginning to rain.

Comienza el partido.
The game is beginning.

La película comienza a las ocho.
The movie begins at 8 o'clock.

behind	**detrás (de)**

¿Quién está detrás del árbol?
Who is behind the tree?

to believe	**creer**

Sam cree que mi historia es verdadera.
Sam believes my story.

Sam cree todo lo que le digas.
Sam believes anything you tell him.

Abuelito cree en Dios.
Grandpa believes in God.

bell	**la campana**

El fraile toca la campana.
The friar rings the bell.

bellboy	**el maletero**

Un maletero lleva las maletas.
A bellboy carries suitcases.

to belong	**ser de**

El sombrero es de Ben.
The hat belongs to Ben.

¿De quién es esto?
Who does this belong to?

Es de Fifi.
It belongs to Fifi.

below	**debajo de**

El gato está dos escalones debajo de Bruno.
The cat is two stairs below Bruno.

belt	**el cinturón**

Fifi lleva un cinturón grande.
Fifi is wearing a big belt.

bench **el banco**	bicycle **la bicicleta**	black **negro/a**

El pájaro está en un banco.
The bird is on a bench.

El panadero monta en bicicleta.
The baker is riding a bicycle.

El gato grande es negro.
The big cat is black.

to bend **doblar**	big **grande**	blackbird **el mirlo**

Sam dobla la cuchara.
Sam is bending the spoon.

El elefante es grande.
The elephant is big.

El mirlo es negro.
The blackbird is black.

best **el/la mejor**	bird **el pájaro**	blackboard **la pizarra**

Fifi es la mejor bailarina.
Fifi is the best dancer.

Es mi mejor vestido.
This is my best dress.

Sam es el mejor de la clase.
Sam is the best in the class.

El pájaro está sobre la bicicleta.
The bird is on the bicycle.

Ben escribe en la pizarra.
Ben writes on the blackboard.

better **mejor**	birthday **el cumpleaños**	blanket **la manta**

Fifi es mejor bailarina que Susie.
Fifi is a better dancer than Susie.

Enrique habla francés mejor que Ben.
Henry speaks French better than Ben.

Hoy es el cumpleaños de Zizi.
Today is Zizi's birthday.

Una manta roja cubre la cama.
A red blanket covers the bed.

between **entre**	to bite **morder (ue)**	blind **ciego/a**

El gato está entre los dos osos.
The cat is between the two bears.

El perro muerde al cartero.
The dog bites the mailman.

El perro guía al ciego.[1]
The dog leads the blind man.

1. **el ciego** = a blind man

blond	rubio/a	body	el cuerpo	boot	la bota

La amiga de Fifi tiene el pelo rubio.
Fifi's friend has blond hair.

Sam tiene un cuerpo robusto.
Sam has a strong body.

El pájaro tiene una bota azul.
The bird has a blue boot.

blood	la sangre	bone	el hueso	both	los/las dos

Sam tiene sangre en un dedo.
Sam has blood on his finger.

Fluff tiene un hueso grande.
Fluff has a big bone.

Los dos cerdos son rosados.
Both the pigs are pink.

to blow out	apagar	bonfire	la hoguera	bottle	la botella

Zizi apaga las velas.
Zizi blows out the candles.

La hoguera está ardiendo.
The bonfire is burning.

Una botella grande de vino.
A big bottle of wine.

blue	azul	book	el libro	bottom	al pie (de)

La casa es azul.
The house is blue.

El libro trata de barcos.
The book is about boats.

La rana está al pie de la escalera.
The frog is at the bottom of the ladder.

boat	el bote	bookstore	la librería	(fruit) bowl	el frutero

Tres hombres en un bote.
Three men in a boat.

Bill mira en la librería.
Bill looks into the bookstore.

El frutero está lleno de plátanos.
The fruit bowl is full of bananas.

box **la caja**	to break **partir**	bridegroom **el novio**

El gato duerme en una caja.
The cat sleeps in a box.

Ben parte el pan.
Ben breaks the bread.

. . . y su novio.
. . . and her bridegroom.

boy **el niño**	breakfast **el desayuno**	bridge **el puente**

Tom es un niño pequeño.
Tom is a little boy.

Fifi toma el desayuno.
Fifi has her breakfast.

Bill cruza el puente.
Bill crosses the bridge.

bracelet **la pulsera**	to breathe **respirar**	bright **brillante**

Zizi lleva una pulsera azul.
Zizi is wearing a blue bracelet.

Los peces respiran dentro del agua.
Fish breathe underwater.

La estrella es brillante.
The star is bright.

branch **la rama**	brick **el ladrillo**	to bring **traer**

El pájaro posa en una rama.
The bird is standing on a branch.

El hombre lleva un ladrillo.
The man is carrying a brick.

Max le trae la zapatilla a Bill.
Max brings Bill a slipper.

bread **el pan**	bride **la novia**	brother **el hermano**

Bill corta el pan.
Bill cuts the bread.

Una novia preciosa . . .
A beautiful bride . . .

Bill y Ben son hermanos. *
Bill and Ben are brothers.

| brown **pardo/a** | to build **construir** | bump **el obstáculo** |

Bruno es un oso pardo.[1]
Bruno is a brown bear.

El albañil construye una casa.
The builder builds a house.

Enrique pasa el obstáculo en bicicleta.
Henry rides over a bump.

brush **el cepillo** | building **el edificio** | bunch **el ramo**

Fritz se limpia los zapatos con un cepillo.
Fritz cleans his shoes with a brush.

Una casa es un edificio.
A house is a building.

Un ramo grande de flores.
A big bunch of flowers.

bubble **la burbuja** | bulb **el bulbo** | burglar **el ladrón**

El oso hace una burbuja.
The bear blows a bubble.

La oruga mira el bulbo.
The caterpillar is looking at the bulb.

El ladrón se escapa de la casa.
The burglar runs away from the house.

bucket **el cubo** | bull **el toro** | to burn **quemar(se)**

Bill vacía el cubo.
Bill empties the bucket.

El toro bravo persigue a Bill.
The angry bull chases Bill.

Se quema la casa.
The house is burning.

bud **el capullo** | bulldozer **la excavadora** | bus **el autobús**

La planta tiene un capullo.
The plant has one bud.

Ben maneja la excavadora.
Ben drives the bulldozer.

El autobús se para.
The bus is stopping.

1. **Pardo** is used for animals. You say **castaño** for brown hair and eyes, and **marrón** or **café** for things.

bus stop | la parada de autobús

Fifi espera en la parada de autobús.
Fifi waits at the bus stop.

bush | el arbusto

¿Quién está detrás del arbusto?
Who is behind the bush?

busy | ocupado/a

El hombre está ocupado.
The man is busy.

but | pero

Bill come mucho, pero no está gordo.
Bill eats a lot, but he is not fat.

Me gustan los caramelos, pero no me gusta el chocolate.
I like candy, but I do not like chocolate.

butcher | el carnicero

El carnicero vende carne.
The butcher sells meat.

butter | la mantequilla

La mantequilla se está derritiendo.
The butter is melting.

butterfly | la mariposa

La mariposa en una flor.
A butterfly on a flower.

button | la chapa

Bill lleva muchas chapas. *
Bill is wearing many buttons.

to buy | comprar

Fifi compra plátanos.
Fifi buys some bananas.

by | cerca de

Bill está cerca del coche.
Bill is by the car.

cabbage | el repollo

Fifi escoge un repollo.
Fifi picks out a cabbage.

café | el café

Los amigos van al café.
The friends go to the café.

cage | la jaula

El león está en la jaula.
The lion is in the cage.

cake | la tarta

Fifi corta la tarta.
Fifi cuts the cake.

calculator **la calculadora**	camera **la máquina**	capital **la capital**

El hombre usa la calculadora.
The man uses the calculator.

Bill tiene una nueva máquina.
Bill has a new camera.

Roma es la capital de Italia.
Rome is the capital of Italy.

París es la capital de Francia.
Paris is the capital of France.

---

calendar **el calendario**

Aggie mira el calendario.
Aggie looks at the calendar.

to camp **acampar**

Bill y Ben acampan.
Bill and Ben are camping.

car **el coche**

Fred maneja un coche rápido.
Fred drives a fast car.

---

calf **el ternero**[1]

Un ternero con su madre, una vaca.
A calf with its mother, a cow.

candle **la vela**

Enrique lleva una vela.
Henry is carrying a candle.

card **la carta**

Una partida de cartas. *
A game of cards.

---

to call **llamar**

El granjero llama al ternero.
The farmer calls the calf.

candy **el caramelo**

Zizi come caramelos. *
Zizi is eating candy.

carpet **la alfombra**

La alfombra es azul.
The carpet is blue.

---

camel **el camello**

Enrique montado en un camello.
Henry riding a camel.

cap **la gorra**

Fred siempre lleva gorra.
Fred always wears a cap.

carrot **la zanahoria**

Un manojo de zanahorias. *
A bunch of carrots.

---

1. a female calf = **la ternera**

to carry   llevar

Zizi lleva zanahorias.
Zizi is carrying carrots.

castle   el castillo

El castillo está en la colina.
The castle is on a hill.

cat   el gato[1]

El gato se echa en la alfombra.
The cat lies on the carpet.

to catch   coger

El gato coge la pelota.
The cat is catching a ball.

caterpillar   la oruga

La oruga come una hoja.
The caterpillar is eating a leaf.

cauliflower   la coliflor

La coliflor en una cesta.
A cauliflower in a basket.

cave   la cueva

Hay un tesoro en la cueva.
There is treasure in the cave.

ceiling   el techo

Sam toca el techo.
Sam touches the ceiling.

cellar   la bodega

La bodega está llena de botellas.
The cellar is full of bottles.

chain   la cadena

El reloj está con cadena.
The watch is on a chain.

chair   la silla

Bruno está sentado en una silla.
Bruno is sitting on a chair.

chalk   la tiza

Bruno escribe con tiza.
Bruno is writing with chalk.

change   la vuelta

Bill cuenta la vuelta.
Bill counts the change.

to change   cambiar

Enrique cambia una rueda.
Henry changes a tire.

to chase   perseguir (i)

Enrique persigue al ladrón.
Henry is chasing a thief.

cheap	barato/a

El sillón es barato.
The armchair is cheap.

check	el cheque

Bill escribe un cheque.
Bill writes a check.

cheek	la mejilla

Abuelita tiene las mejillas* sonrosadas.
Grandma has pink cheeks.

cheese	el queso

Fifi come queso.
Fifi is eating cheese.

cherry	la cereza

El pájaro come cerezas.*
The bird is eating cherries.

chest	el pecho

Sam se golpea el pecho.
Sam is beating his chest.

chick	el pollito

La gallina tiene cinco pollitos.*
The hen has five chicks.

chicken	el pollo

Ben corta el pollo.
Ben is cutting the chicken.

children	los niños*

Los niños* están jugando.
The children are playing.

chimney	la chimenea

El pájaro está en una chimenea.
The bird is on a chimney.

chimpanzee	el chimpancé

Un chimpancé en el árbol.
A chimpanzee in a tree.

chin	la barbilla

Sam se frota la barbilla.
Sam rubs his chin.

chocolate	el chocolate

Zizi come chocolate.
Zizi is eating chocolate.

to choose	escoger

Fifi escoge un vestido verde.
Fifi chooses a green dress.

chop	la chuleta

Ben toma una chuleta de puerco para cenar.
Ben has a pork chop for dinner.

| Christmas | el día de Navidad | class | la clase | cliff | el acantilado |

Es el día de Navidad.
It is Christmas.

Hay cinco alumnos en la clase.
There are five students in the class.

Enrique está en el acantilado.
Henry is on the cliff.

| church | la iglesia | classroom | el aula (f) | to climb up | escalar |

Fifi va a la iglesia.
Fifi goes to church.

El aula está vacía.
The classroom is empty.

Sam escala el acantilado.
Sam is climbing up the cliff.

| circle | el círculo | clean | limpio/a | clock | el reloj |

Los pollitos se mueven en círculo.
The chicks move in a circle.

Bill se pone un delantal limpio.
Bill puts on a clean apron.

Ben limpia el reloj.
Ben is cleaning the clock.

| circus | el circo | to clean | limpiar | to close | cerrar (ie) |

Un payaso en el circo.
A clown at the circus.

Enrique limpia su coche.
Henry is cleaning his car.

Fifi cierra la ventana.
Fifi closes the window.

| city | la ciudad | clever | listo/a | closet | el armario |

París es una ciudad muy grande.
Paris is a very big city.

Un listo aprende rápido.[1]
A clever man learns fast.

Fifi mira en el armario.
Fifi looks in the closet.

18   1. **un listo** = a clever man

cloud **la nube**	coffee **el café**	to comb **peinar(se)**

El ángel está en la nube.
The angel is on the cloud.

Fifi sirve el café.
Fifi pours the coffee.

Fifi se peina el pelo.
Fifi combs her hair.

clown **el payaso**	coin **la moneda**	to come **venir**

Un payaso del circo.
A clown from the circus.

Fifi mete monedas* en su monedero.
Fifi puts coins in her purse.

El pato viene hacia Zizi.
The duck comes towards Zizi.

coast **la costa**	cold **el frío**	comforter **el edredón**

Los árboles crecen a lo largo de la costa.
Trees grow along the coast.

Oscar tiene frío.[1]
Oscar is cold.

Fifi tiene un edredón rosado.
Fifi has a pink comforter.

coat **el abrigo**	color **el color**	comic book **el tebeo**

El rey tiene un abrigo grande.
The king has a big coat.

¿Cuántos colores* ves?
How many colors do you see?

Los niños leen un tebeo.
The boys are reading a comic book.

cobweb **la telaraña**	comb **el peine**	computer **la computadora**

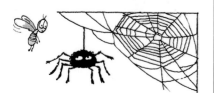

La araña hace una telaraña.
The spider makes a cobweb.

Fifi tiene un peine grande.
Fifi has a big comb.

Brains opera en una computadora.
Brains works on a computer.

1. In Spanish you say "to have cold."

conductor	**el director**	to cough	**toser**	cow	**la vaca**

La gallina está sentada en la vaca.
The hen is sitting on the cow.

Herbert es director de música.
Herbert is a conductor.

Fifi tose.
Fifi is coughing.

to cook	**cocinar**	to count	**contar (ue)**	cowboy	**el vaquero**

Enrique cocina.
Henry is cooking.

Zizi cuenta las tartitas.
Zizi is counting the cupcakes.

El vaquero corre tras una vaca.
The cowboy chases a cow.

cork	**el corcho**	country	**el país**	crab	**el cangrejo**

Inglaterra es un país pequeño.
England is a small country.

**China y la India son países*
grandes.**
China and India are big countries.

El corcho da un taponazo.
The cork pops out.

El cangrejo corre de lado.
The crab runs sideways.

corner	**el rincón**	country	**el campo**	crane	**la grúa**

Ruff está en un rincón.
Ruff is in a corner.

Dan vive en el campo.
Dan lives in the country.

La grúa levanta el auto.
The crane is lifting the car.

to cost	**costar (ue)**	to cover	**cubrir(se)**	crayon	**el lápiz de color**

**Zizi dibuja con lápices de
colores.***
Zizi draws with crayons.

El anillo cuesta mil dólares.
The ring costs $1,000.

Bill se cubre la cabeza.
Bill covers his head.

| cream | la nata | to cry | llorar | curtain | la cortina |

Hay nata en la tarta.
There is cream on the cake.

El rey llora.
The king is crying.

Fifi abre las cortinas.*
Fifi opens the curtains.

| crocodile | el cocodrilo | cube | el cubo | cushion | el cojín |

El cocodrilo está dormido.
The crocodile is asleep.

El cubo tiene seis lados.
A cube has six sides.

La corona está en un cojín.
The crown is on a cushion.

| cross | la cruz | cucumber | el pepino | customer | el cliente |

Dos ratones en una cruz roja.
Two mice on a red cross.

El pepino es verde.
The cucumber is green.

El cliente compra pan.
The customer buys bread.

| to cross | cruzar | cup | la taza | to cut | cortar |

Enrique cruza la calle.
Henry is crossing the street.

La oruga mira en la taza.
The caterpillar looks into the cup.

Fifi le corta el pelo a Ben.
Fifi is cutting Ben's hair.

| crown | la corona | cupboard | el armario | to cut out | recortar |

El rey lleva corona.
The king wears a crown.

La taza está en el armario.
The cup is in the cupboard.

Ella recorta un retrato.
She cuts out a picture.

to dance   bailar

Fifi está bailando con Sam.
Fifi is dancing with Sam.

dancer   la bailarina[1]

Quiere ser bailarina.
She wants to be a dancer.

danger   el peligro

Enrique está en peligro.
Henry is in danger.

to dare   atreverse

No se atreve a saltar.
He does not dare to dive.

dark   oscuro/a

La habitación está oscura.
The room is dark.

daughter   la hija

Zizi es la hija de María.
Zizi is Mary's daughter.

day   el día

El año tiene trescientos sesenta y cinco días. *[2]
There are 365 days in a year.

La semana tiene siete días. *[2]
There are seven days in a week.

dead   muerto/a

Max se hace el muerto.
Max pretends to be dead.

to decide   decidir

Bill decide comprarse un coche.
Bill decides to buy a car.

Decide que vestido quieres.
Decide which dress you want.

deep   profundo/a

Fifi está en la parte profunda del agua.
Fifi is in deep water.

deer   el ciervo

Un ciervo se encuentra con Max.
A deer meets Max.

dentist   el dentista

Enrique está con el dentista.
Henry visits the dentist.

to describe   describir

Bill describe cómo es el ladrón a la policía.
Bill describes the thief to the police.

¿Puedes describir el cuadro?
Can you describe the picture?

desert   el desierto

Los camellos viven en el desierto.
Camels live in the desert.

desk **el escritorio**	to dig **cavar**	dirty **sucio/a**

Jake trabaja en el escritorio.
Jake works at his desk.

Max cava un agujero.
Max digs a hole.

El dinosaurio está sucio.
The dinosaur is dirty.

diamond **el diamante**	dining room **el comedor**	dish **la fuente**

Fred encuentra un diamante.
Fred finds a diamond.

Los ratones comen en el comedor.
The mice eat in the dining room.

Una fuente llena de fresas.
A dish full of strawberries.

dictionary **el diccionario**	dinner **la cena**	to do **hacer**

Fritz tiene un diccionario.
Fritz has a dictionary.

Un monstruo toma la cena.
A monster is eating his dinner.

Enrique no hace nada.[1]
Henry is not doing anything.

to die **morir(se)**	dinosaur **el dinosauro**	doctor **la doctora**[2]

La planta de Enrique está muriéndose.
Henry's plant is dying.

Un dinosauro toma la cena.
A dinosaur eating his dinner.

La doctora examina a Sam.
The doctor examines Sam.

different **distinto/a**	direction **la dirección**	dog **el perro**

Hombres con sombreros distintos.
Men in different hats.

Max cambia de dirección.
Max changes direction.

El perro persigue a un conejo.
The dog is chasing a rabbit.

---

1. In Spanish you say ''Henry is not doing nothing.''   2. **el doctor** = a male doctor; **el médico** is also used for doctor.

doghouse	la perrera	dragon	el dragón	to dress	vestir(se) (i)

Ruff duerme en una perrera.
Ruff sleeps in a doghouse.

El dragón respira fuego.
The dragon breathes fire.

Fifi viste a Zizi.
Fifi is dressing Zizi.

doll	la muñeca	to draw	dibujar	to drink	beber

Zizi juega con una muñeca.
Zizi is playing with a doll.

Fifi dibuja un dragón.
Fifi is drawing a dragon.

Sam bebe leche.
Sam is drinking milk.

donkey	el burro	drawing	el dibujo	to drive	manejar

Enrique monta en burro.
Henry is riding a donkey.

Este es su dibujo.
This is her drawing.

Enrique maneja su coche.
Henry is driving his car.

door	la puerta	to dream	soñar (ue)	to drop	dejar caer

Fifi cierra la puerta.
Fifi closes the door.

Enrique sueña con arañas.
Henry dreams about spiders.

Enrique deja caer un huevo.
Henry drops an egg.

downstairs	abajo	dress	el vestido	drugstore	la farmacia

La muñeca está abajo.
The doll is downstairs.

Fifi lleva un vestido largo.
Fifi is wearing a long dress.

Enrique está en la farmacia.
Henry is at the drugstore.

24

drum	el tambor	each	cada	east	el este

Fred toca el tambor.
Fred is playing the drum.

Cada niño tiene una tartita.
Each child has a cupcake.

El pájaro mira hacia el este.
The bird is facing east.

---

dry	seco/a	eagle	el águila (f)	Easter	la Pascua

El suelo está muy seco.
The ground is very dry.

El águila está en el nido.
The eagle is in its nest.

La Pascua es una fiesta religiosa de primavera.
Easter is a religious holiday in the spring.

No se trabaja el domingo de Pascua.
People do not go to work on Easter Sunday.

---

duck	el pato	ear	la oreja	easy	fácil

El pato está en la bañera.
The duck is in the bathtub.

El burro tiene orejas* largas.
The donkey has long ears.

Es fácil hacer una tarta.
It's easy to make a cake.

La tarea de Sam es fácil.
Sam's homework is easy.

---

dust	el polvo	early	temprano	easy chair	el sillón

Ben se levanta temprano por la mañana.
Ben gets up early in the morning.

Vengo temprano a casa.
I am coming home early.

El gato está durmiendo en un sillón.
The cat is sleeping on an easy chair.

Max se revuelca en el polvo.
Max rolls in the dust.

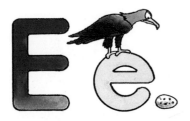

earth	la tierra	to eat	comer

La tierra es redonda.
The earth is round.

Zizi come chocolate.
Zizi is eating chocolate.

edge	**el borde**

Zizi está al borde de la mesa.
Zizi is on the edge of the table.

egg	**el huevo**

Zizi come un huevo.
Zizi is eating an egg.

elbow	**el codo**

Enrique se pega en el codo.
Henry hits his elbow.

elephant	**el elefante**

El elefante tiene orejas grandes.
The elephant has big ears.

elevator	**el ascensor**

Enrique entra en el ascensor.
Henry enters the elevator.

empty	**vacío/a**

La bolsa está vacía.
The bag is empty.

to empty	**vaciar**

Enrique vacía el cubo.
Henry empties the bucket.

end	**el final**

¿Qué hay al final de la cuerda?
What is at the end of the rope?

enough	**bastante**

Fifi tiene bastante dinero para comprar un nuevo coche.
Fifi has enough money to buy a new car.

¿Has comido bastante?
Have you had enough to eat?

to enter	**entrar (en)**

El rey entra en la habitación.
The king enters the room.

entrance	**la entrada**

La entrada de una cueva.
The entrance to a cave.

envelope	**el sobre**

Fifi abre el sobre.
Fifi opens the envelope.

to escape	**escapar(se)**

El prisionero se escapa.
The prisoner escapes.

evening	**el atardecer**

El sol se pone al atardecer.
The sun sets in the evening.

every	**todos/as**

Todos los cerdos son rosados.
Every pig is pink.

everyone **todo el mundo**	experiment-**el experimento**	factory **la fábrica**

Todo el mundo lleva sombrero.
Everyone is wearing a hat.

Brains hace un experimento.
Brains does an experiment.

El hombre trabaja en una fábrica.
The man works in a factory.

---

everything **todo**	to explain **explicar**	fairy **el hada (f)**

Todo está verde.
Everything is green.

Fifi explica por qué quiere comprarse un coche.
Fifi explains why she wants a car.

Explícame cómo funciona esto.
Explain to me how this works.

El hada se sienta en la flor.
The fairy sits on the flower.

---

everywhere **por todas partes**	eye **el ojo**	to fall **caer(se)**

Fifi busca su gato por todas partes.
Fifi looks everywhere for her cat.

Mi perro me sigue por todas partes.
My dog follows me everywhere.

El gato tiene ojos* azules.
The cat has blue eyes.

El hada se cae.
The fairy falls off.

---

except **excepto**		family **la familia**

Todos los cerdos son rosados excepto uno.
Every pig is pink except one.

La familia de Fifi.
Fifi's family.

---

exciting **emocionante**	face **la cara**	famous **famoso/a**

Jake lee un libro emocionante.
Jake reads an exciting book.

Fifi se lava la cara.
Fifi is washing her face.

Will es un artista famoso.
Will is a famous artist.

far **lejos**	father **el padre**	feet **los pies***

La casa está lejos.
The house is far away.

Zizi está con su padre.
Zizi is with her father.

He aquí dos pies* grandes.
Here are two big feet.

farm **la granja**	faucet **el grifo**	fence **la cerca**

La granja está en el campo.
The farm is in the country.

El ratón abre el grifo.
The mouse turns on the faucet.

La vaca salta la cerca.
The cow jumps over the fence.

farmer **el granjero**	feather **la pluma**	few **pocos/as**

El granjero vive en una granja.
The farmer lives on a farm.

Un pájaro con plumas* amarillas.
A bird with yellow feathers.

Este pájaro tiene pocas plumas.
This bird has few feathers.

fast **rápido**	to feed **dar de comer**	field **el prado**

El granjero corre rápido.
The farmer runs fast.

Zizi da de comer a los patos.
Zizi is feeding the ducks.

Las vacas están en el prado.
The cows are in the field.

fat **gordo/a**	to feel **tocar**	to fight **pelear**

Esta hada está gorda.
This fairy is fat.

Bill toca la silla.
Bill feels the chair.

Bill y Ben pelean.
Bill and Ben fight.

to fill	llenar

Fifi llena el vaso.
Fifi fills the glass.

fireman	el bombero

Los bomberos* apagan el incendio.
The firemen put out the fire.

to fix	reparar

Ben repara la bicicleta.
Ben is fixing his bicycle.

to find	encontrar (ue)

Bill encuentra el libro.
Bill finds the book.

fireworks	los fuegos artificiales*

Fuegos artificiales* en el cielo.
Fireworks in the sky.

flag	la bandera

Enrique lleva una bandera.
Henry is carrying a flag.

finger	el dedo

Cuatro dedos* y el pulgar.
Four fingers and a thumb.

first	primero/a

Bill es el primero de la cola.
Bill is first in line.

flame	la llama

Zizi apaga la llama.
Zizi blows out the flame.

to finish	terminar

Fifi termina la cena.
Fifi finishes her dinner.

fish	el pez

Un pez grande y un pez chiquito.
A big fish and a very small fish.

flat	plano/a

La casa tiene un tejado plano.
The house has a flat roof.

fire	el fuego

Los hombres se sientan junto al fuego.
The men sit by the fire.

to fish	pescar

El hombre pesca.
The man is fishing.

floor	el piso

Ruff está echado en el piso.
Ruff is lying on the floor.

flour	la harina	fog	la niebla	forest	el bosque

Bill cuela la harina.
Bill is sifting the flour.

Enrique está perdido en la niebla.
Henry is lost in the fog.

Crecen muchos árboles en el bosque.
Many trees grow in the forest.

to flow	correr	to follow	seguir (i)	to forget	olvidar

El río corre hacia el mar.
The river flows towards the sea.

Enrique sigue al perro.
Henry is following the dog.

Bill ha olvidado mi nombre.
Bill has forgotten my name.

He olvidado dónde vive.
I have forgotten where he lives.

He olvidado mi cartera.
I have forgotten my purse.

flower	la flor	food	la comida	fork	el tenedor

Enrique da una flor a Fifi.
Henry gives Fifi a flower.

Jake come toda su comida.
Jake is eating all his food.

Ben agarra un tenedor.
Ben is holding a fork.

fly	la mosca	for	para	fox	la zorra

Hay una mosca en la flor.
There is a fly on the flower.

Este regalo es para Ben.
This present is for Ben.

La zorra es roja.
The fox is red.

to fly	volar (ue)	forehead	la frente	to freeze	congelar(se)

Cuando se congela el agua se hace hielo.
When water freezes, it turns into ice.

Fifi congela la comida en el congelador.
Fifi freezes food in the freezer.

La mosca vuela.
The fly is flying.

Enrique se da en la frente.
Henry hits his forehead.

French fries	las papas fritas*

Ben tiene un plato de papas fritas.*
Ben has a plate of French fries.

friend	el amigo

Sam y Fifi son amigos.*
Sam and Fifi are friends.

to frighten	asustar

Fifi asusta a su amigo.
Fifi frightens her friend.

frog	la rana

La rana salta.
The frog is jumping.

from	de

La carta viene de Francia.
The letter is from France.

Es de Pierre para Fifi.
It is from Pierre to Fifi.

Voy al cine de vez en cuando.
I go to the movies from time to time.

front	en frente de

Ben está en frente de Bill.
Ben is in front of Bill.

frost	la helada

Hay helada fuera.
There is frost outside.

fruit	la fruta

Muchas clases de fruta.
Many kinds of fruit.

to fry	freír (i)

Ben fríe un huevo.
Ben is frying an egg.

frying pan	la sartén

Huevos fritos en una sartén.
Fried eggs in a frying pan.

full	lleno/a

La bañera está llena de agua.
The bathtub is full of water.

funny	gracioso/a

El payaso es gracioso.
The clown is funny.

fur	el pelo

El conejo tiene pelo blanco.
The rabbit has white fur.

G g

game	el juego

El juego de la gallina ciega.
A game of blindman's bluff.

| garage | **el garaje** | gate | **la portilla** | girl | **la niña** |

El coche está en el garaje.
The car is in the garage.

El granjero cierra la portilla.
The farmer shuts the gate.

La niña persigue a un gato.
The girl is chasing a cat.

---

garbage can **el cubo de basura**

Bill mira en el cubo de basura.
Bill looks in the garbage can.

to get up **levantar(se)**

Ben se levanta a las siete.
Ben gets up at 7 o'clock.

to give **dar**

La niña da una flor a Ben.
The girl gives Ben a flower.

---

garden **el jardín**

Las flores crecen en el jardín.
Flowers grow in the garden.

ghost **el fantasma**

El fantasma asusta a Enrique.
The ghost frightens Henry.

glass **el vaso**

El vaso está lleno de leche.
The glass is full of milk.

---

gas **el gas**

Enrique enciende la cocina de gas.
Henry lights the gas stove.

giant **el gigante**

Un gigante es una persona grande.
A giant is a very big person.

glasses **las gafas***

Enrique lleva gafas.*
Henry is wearing glasses.

---

gasoline **la gasolina**

Enrique pone gasolina en el coche.
Henry puts gasoline in his car.

giraffe **la jirafa**

La jirafa come hojas.
The giraffe is eating leaves.

gloves **los guantes***

Un par de guantes* rojos.
A pair of red gloves.

to go	ir	grape	la uva	grocer	el tendero[1]

Los niños van a la escuela.
The children go to school.

He aquí un racimo de uvas. *
Here is a bunch of grapes.

El tendero vende comestibles.
The grocer sells food.

goat	la cabra	grapefruit	la toronja	ground	el suelo

La cabra muerde a Enrique.
The goat bites Henry.

Fifi come una toronja.
Fifi eats grapefruit.

Zizi se sienta en el suelo.
Zizi is sitting on the ground.

gold	el oro	grass	la hierba	group	el grupo

Fifi tiene una cadena de oro.
Fifi has a gold chain.

Ruff se revuelca en la hierba.
Ruff is rolling in the grass.

He aquí un grupo de chicos.
Here is a group of boys.

good	bueno/a	gray	gris	to grow	crecer

Ben es un buen panadero.
Ben is a good baker.

El gato grande es gris.
The big cat is gray.

Zizi está creciendo.
Zizi is growing.

goose	el ganso	green	verde	guest	el invitado

El ganso persigue a la cabra.
The goose chases the goat.

La hierba es verde.
The grass is green.

Fifi recibe al invitado.
Fifi welcomes the guest.

1. There is no word in Spanish for ''grocer.'' They use the word ''shopkeeper.''

33

| guitar | **la guitarra** | hairdresser | **el peluquero** | hand | **la mano** |

Manuel toca la guitarra.
Manuel is playing the guitar.

El peluquero corta el pelo.
The hairdresser cuts hair.

Enrique se da en la mano.
Henry hits his hand.

| gun | **el revólver** | half | **medio/a** | handbag | **la cartera** |

Sam dispara el revólver.
Sam shoots the gun.

Zizi tiene media naranja.
Zizi has half the orange.

Fifi tiene una cartera roja.
Fifi has a red handbag.

| | | ham | **el jamón** | handkerchief | **el pañuelo** |

Bill corta el jamón.
Bill is slicing the ham.

Fifi agita el pañuelo.
Fifi waves her handkerchief.

| hair | **el pelo** | hamburger | **la hamburguesa** | handle | **el asa (f)** |

Abuelita tiene pelo cano.
Grandma has white hair.

Sam acaba de pedir dos hamburguesas.*
Sam just ordered two hamburgers.

Se rompe el asa.
The handle breaks.

| hairbrush | **el cepillo para el pelo** | hammer | **el martillo** | to hang | **colgar(se) (ue)** |

Abuelita tiene un cepillo rosado para el pelo.
Grandma has a pink hairbrush.

Enrique usa el martillo.
Henry is using the hammer.

Enrique se cuelga de la cuerda.
Henry is hanging from the rope.

to happen	**pasar**

¿Qué pasa?
What is happening?

¿Cuándo pasó el accidente?
When did the accident happen?

¿Cómo pasó?
How did it happen?

to have	**tener**

Bill y Ben tienen dos gatos.
Bill and Ben have two cats.

heart	**el corazón**

Si corres, te late el corazón más rápido.
When you run, your heart beats faster.

Te quiero de todo corazón.
I love you with all my heart.

happy	**contento/a**

Bill está contento de ver a Ben.
Bill is happy to see Ben.

hay	**el heno**

Jorge corta hierba para hacer heno.
George cuts grass to make hay.

heavy	**pesado/a**

La roca es pesada.
The rock is heavy.

harbor	**el puerto**

Los barcos están en el puerto.
The boats are in the harbor.

head	**la cabeza**

Enrique tiene un pájaro en la cabeza.
Henry has a bird on his head.

hedge	**el seto**

Enrique está cortando el seto.
Henry is cutting the hedge.

hard	**duro/a**

El colchón es duro.
The mattress is hard.

headlight	**el faro**

Los faros* brillan.
The headlights are shining.

helicopter	**el helicóptero**

El helicóptero está volando.
The helicopter is flying.

hat	**el sombrero**

Fifi lleva un sombrero bonito.
Fifi is wearing a pretty hat.

to hear	**oír**

Abuelito no oye bien.
Grandpa cannot hear well.

to help	**ayudar**

Bill ayuda a Ben.
Bill is helping Ben.

hen — **la gallina**	hill — **la colina**	homework — **la tarea**

La casa está en una colina.
The house is on a hill.

Tim hace la tarea.
Tim is doing his homework.

La gallina come grano.
The hen is eating seeds.

---

here — aquí

Me quedo aquí.
I am staying here.

Ven aquí.
Come here.

Vivo aquí.
I live here.

hippopotamus
el hipopótamo

Un hipopótamo cubierto de lodo.
A hippopotamus covered with mud.

honey — la miel

La miel está en un tarro.
The honey is in a jar.

---

to hide — esconder(se)

El ladrón se esconde.
The thief is hiding.

to hit — pegar

Zizi pega a Ruff.
Zizi hits Ruff.

hook — el gancho

El sombrero cuelga del gancho.
The hat is hanging on a hook.

---

high — alto/a

La montaña es alta.
The mountain is high.

to hold — sostener

La bruja sostiene su escoba.
The witch is holding her broom.

to hop — brincar

El conejo brinca por encima de Ruff.
The rabbit is hopping over Ruff.

---

high — alto

El pájaro vuela alto en el cielo.
The bird flies high in the sky.

hole — el agujero

Ruff cava un agujero.
Ruff is digging a hole.

horse — el caballo

Enrique monta a caballo.
Henry is riding a horse.

36

| hospital | **el hospital** | house | **la casa** | husband | **el esposo** |

Enrique está en el hospital.
Henry is in the hospital.

Fritz vive en una casa grande.
Fritz lives in a big house.

Fritz es el esposo de Heidi.
Fritz is Heidi's husband.

---

hot **caliente**

how **cómo**

La sopa está caliente.
The soup is hot.

¿Cómo está usted?
How are you?

¿Cómo se hace una tarta?
How do you make a cake?

¿Cómo se dice esto en francés?
How do you say this in French?

---

hot dog **el perrito caliente**

to be hungry **tener hambre**

ice **el hielo**

Fifi toma un perrito caliente.
Fifi is having a hot dog·

Zizi tiene hambre.
Zizi is hungry.

El estanque está cubierto de hielo.
The pond is covered with ice.

---

hotel **el hotel**

to be in a hurry **tener prisa**

ice cream **el helado**

Fifi va al hotel.
Fifi is going to a hotel.

Enrique tiene prisa.
Henry is in a hurry.

Zizi toma un helado.
Zizi eats ice cream.

---

hour **la hora**

to hurt **lastimar(se)** [2]

idea **la idea**

El día tiene veinticuatro horas. [*1]
There are 24 hours in a day.

La hora tiene sesenta minutos.
There are 60 minutes in an hour.

Enrique se ha lastimado el pie con una piedra.
Henry hurt his foot with a rock.

Se me occurre una idea.
I have an idea.

No tengo la menor idea.
I do not have the slightest idea.

---

1. In Spanish you say "the day has 24 hours" etc.   2. **lastimarse** = to hurt (oneself or a part of oneself)
lastimar = to hurt (someone or something)

| if | si | instead | en vez de | island | la isla |

if   **si**

Ven si puedes.
Come if you can.

Fifi pregunta si está Sam en casa.
Fifi asks if Sam is at home.

Te ayudará si se lo pides.
He will help you if you ask him.

ill   **enfermo/a**

Bill está enfermo.
Bill is ill.

important   **importante**

El Presidente es una persona importante.
The President is an important person.

Es importante que vengas.
It is important that you come.

in   **en**

El gato está en el cesto.
The cat is in the basket.

insect   **el insecto**

Todos éstos son insectos.*
These are all insects.

instead   **en vez de**

Fifi come miel en vez de azúcar.
Fifi eats honey instead of sugar.

Juega en vez de trabajar.
He is playing instead of working.

intersection   **el cruce de carreteras**

Enrique para en el cruce de carreteras.
Henry stops at the intersection.

to invite   **invitar**

Fifi invita a veinte personas a la fiesta.
Fifi is inviting 20 people to her party.

iron   **la plancha**

Esto es una plancha.
This is an iron.

to iron   **planchar**

Enrique se plancha la camisa.
Henry is ironing his shirt.

island   **la isla**

Una isla en el mar.
An island in the sea.

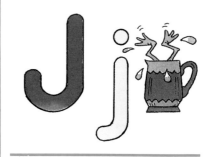

jacket   **la chaqueta**

Fritz tiene una chaqueta verde.
Fritz has a green jacket.

jam   **la mermelada**

Un tarro de mermelada de fresas.
A jar of strawberry jam.

jar   **el tarro**

Esto es un tarro vacío.
This is an empty jar.

jeans **los pantalones vaqueros***

He aquí un par de pantalones vaqueros.*
This is a pair of jeans.

jewel **la joya**

El ladrón ve las joyas.*
The burglar sees the jewels.

to join **unir**

Bill une dos cables.
Bill joins two wires.

joke **el chiste**

Bill le cuenta un chiste a Ben.
Bill tells Ben a joke.

to jump **saltar**

Una rana salta.
One frog is jumping.

kangaroo **el canguro**

El canguro salta.
The kangaroo is jumping.

to keep **guardar**

Fifi quiere guardar el vestido.
Fifi wants to keep the dress.

Ben guarda su viejo coche.
Ben is keeping his old car.

Guarda algo de pan para mañana.
Keep some bread for tomorrow.

kettle **la tetera**

La tetera está hirviendo.
The kettle is boiling.

key **la llave**

La llave está en el gancho.
The key is on the hook.

---

to kick **dar una patada a**

Sam da una patada al balón.
Sam kicks the ball.

to kill **matar**

El príncipe mata el dragón.
The prince kills the dragon.

kind **bueno/a**

Jim es bueno con los animales.
Jim is kind to animals.

kind **el tipo**

La manzana es un tipo de fruta.
An apple is a kind of fruit.

La cebolla es un tipo de hortaliza.
An onion is a kind of vegetable.

¿Qué tipo de tarta es?
What kind of cake is it?

king **el rey**

El rey lleva corona.
The king is wearing a crown.

| to kiss **besar** | knee **la rodilla** | knot **el nudo** |

Fifi besa a Sam.
Fifi is kissing Sam.

Enrique se cae sobre una rodilla.
Henry falls on his knee.

La cuerda tiene nudo.
The string has a knot in it.

---

kitchen **la cocina**

Ben guisa en la cocina.
Ben cooks in the kitchen.

knife **el cuchillo**

Bill corta pan con un cuchillo.
Bill cuts bread with a knife.

to know **saber**[1] **conocer**

Fritz sabe nadar.
Fritz knows how to swim.

Ya sé que dos y dos son cuatro.
I know that two and two are four.

Sam conoce a Ben.
Sam knows Ben.

---

kite **la cometa**

Bill echa una cometa.
Bill is flying a kite.

to knit **hacer punto**

Enrique hace punto.
Henry is knitting.

---

kitten **el gatito**

El gatito es una cría de gato.
A kitten is a baby cat.

knitting **la labor de punto**

Esto es su labor de punto.
This is his knitting.

lace **la puntilla**

El vestido está hecho de puntilla.
The dress is made of lace.

---

knapsack **la mochila**

Terry tiene una mochila roja.
Terry has a red knapsack.

to knock **llamar a la puerta**

Sam llama a la puerta.
Sam knocks on the door.

ladder **la escalera**

Enrique se sube a la escalera.
Henry climbs the ladder.

lake	el lago

Hay barquitos en el lago.
There are boats on the lake.

lamb	el cordero

El cordero es una cría de oveja.
A lamb is a baby sheep.

lamp	la lámpara

Fifi está leyendo junto a la lámpara.
Fifi is reading by the lamp.

last	último/a

Ben es el último de la cola.
Ben is last in line.

to last	durar

La película dura una hora.
The movie lasts an hour.

El buen tiempo duró cinco días.
The good weather lasted for five days.

¿Cuánto tiempo va a durar?
How long will it last?

late	tarde

Tim llega tarde a la escuela.
Tim is late for school.

Va tarde a la cama.
He goes to bed late.

¿Llego tarde a la película?
Am I too late for the movie?

to laugh	reír(se) (i)

Ben se ríe de Bill.
Ben is laughing at Bill.

lawn	el césped

Fifi corta el césped.
Fifi is mowing the lawn.

lazy	perezoso/a

Marco es perezoso.
Mark is lazy.

to lead	guiar

Ben guía a los niños.
Ben is leading the children.

leaf	la hoja

La hormiga lleva una hoja.
The ant is carrying a leaf.

to leak	gotear

El grifo de Ben gotea.
Ben's faucet is leaking.

to lean	apoyar(se)

Bruno se apoya en la cerca.
Bruno is leaning on a fence.

to learn	aprender

Fifi aprende a manejar.
Fifi is learning how to drive.

Aprendo el francés en la escuela.
I am learning French at school.

leash	la cuerda

Marco lleva al perro de la cuerda.
Mark takes the dog on a leash.

leather	**el cuero**

Esta cartera es de cuero.
This purse is made of leather.

to **leave**	**salir**

Fifi sale de casa.
Fifi is leaving the house.

left	**la izquierda**

Fritz dobla a la izquierda.
Fritz turns left.

leg	**la pierna**

Enrique patina con una pierna.
Henry is skating on one leg.

lemon	**el limón**

Fifi corta el limón por la mitad.
Fifi cuts the lemon in half.

lesson	**la lección**

La clase tiene una lección.
The class is having a lesson.

letter	**la carta**

Sam lee una carta.
Sam is reading a letter.

lettuce	**la lechuga**

A la oruga le gusta la lechuga.
The caterpillar likes lettuce.

library	**la biblioteca**

Bill está en la biblioteca.
Bill is in the library.

to **lick**	**chupar**

Zizi chupa su helado.
Zizi licks her ice cream.

lid	**la tapa**

Bill pone la tapa en el jarro.
Bill puts the lid on the jar.

life	**la vida**

Las mariposas tienen una vida corta.
Butterflies have a short life.

Aquí la vida es muy tranquila.
Life is very quiet here.

Me salvó la vida.
He saved my life.

to **lift**	**levantar**

La grúa levanta el coche.
The crane is lifting a car.

light	**ligero/a**

La bailarina es ligera.
The dancer is light .

light	**la luz**

La luz está encendida.
The light is on.

| to light | **encender (ie)** | lip | **el labio** | long | **largo/a** |

Fritz enciende un fósforo.
Fritz lights a match.

Tiene grandes labios* rojos.
He has big red lips.

La culebra es larga.
The snake is long.

| lighthouse | **el faro** | list | **la lista** | to look at | **mirar** |

El faro está junto al mar.
The lighthouse is by the sea.

Enrique escribe una lista larga.
Henry is writing a long list.

Fifi mira el cuadro.
Fifi is looking at a picture.

| lightning | **el relámpago** | to listen | **escuchar** | to look for | **buscar** |

El relámpago brilla en el cielo.
Lightning flashes in the sky.

Abuelito escucha la radio.
Grandpa listens to the radio.

Enrique busca el libro.
Henry is looking for a book.

| to like | **querer[1] (ie)** | to live | **vivir** | lost | **perdido/a** |

Fifi quiere a Ben.
Fifi likes Ben.

Rob vive en una isla.
Rob lives on an island.

Enrique está perdido.
Henry is lost.

| lion | **el león** | living room | **la sala de estar** | a lot of | **mucho/a** |

El león ruge.
The lion is roaring.

Esta es la sala de estar.
This is the living room.

Muchos pájaros en el árbol.
A lot of birds in the tree.

1. **querer** = to like (people); **gustar** = to like (things)

loud	**fuerte**

La banda toca fuerte la música.
The band plays loud music.

to love	**amar**

Sam ama a Fifi.
Sam loves Fifi.

low	**bajo/a**

La pared es baja.
The wall is low.

lunch	**el almuerzo**

Zizi toma el almuerzo a mediodía.
Zizi eats lunch at noon.

---

machine	**la máquina**

Todas estas máquinas* funcionan.
All these machines work.

magazine	**la revista**

Enrique lee una revista.
Henry is reading a magazine.

magician	**el mago**

El mago y su conejo.
A magician and his rabbit.

mailman	**el cartero**

El cartero trae las cartas.
The mailman brings the letters.

to make	**hacer**

Ben hace una tarta.
Ben is making a cake.

---

man	**el hombre**

Un hombre y dos mujeres.
One man and two women.

many	**muchos/as**

El hombre vende muchas revistas.
The man sells many magazines.

map	**el mapa**

Enrique mira un mapa.
Henry looks at a map.

mark	**la señal**

Hay una señal en el mapa.
There is a mark on the map.

market	**el mercado**

Esto es un mercado al aire libre.
This is an open-air market.

to marry	**casar(se)**

Sam se casa con Fifi.
Sam is marrying Fifi.

mask	**la máscara**

¿Quién lleva la máscara?
Who is wearing the mask?

match	**el fósforo**

Fred enciende un fósforo.
Fred lights a match.

to measure	**medir (i)**

Fifi mide a Zizi.
Fifi measures Zizi.

meat	**la carne**

El carnicero corta la carne.
The butcher is chopping meat.

medicine	**la medicina**

Una enfermera da la medicina a Zizi.
A nurse gives Zizi medicine.

to meet	**encontrar(se) (ue)**

Bill se encuentra con Ben.
Bill meets Ben.

to melt	**derretir(se) (i)**

El helado se derrite.
The ice cream is melting.

menu	**el menú**

Fifi lee el menú.
Fifi reads the menu.

metal	**el metal**

Un coche está hecho de metal.
A car is made of metal.

middle	**el centro**

El cerdo está en el centro.
The pig is in the middle.

milk	**la leche**

Zizi bebe leche.
Zizi is drinking milk.

minute	**el minuto**

Un minuto tiene sesenta segundos.[1]
There are 60 seconds in a minute.

Una hora tiene sesenta minutos.*
There are 60 minutes in an hour.

mirror	**el espejo**

El gato se mira en el espejo.
The cat looks in the mirror.

to miss	**perder (ie)**

Enrique pierde el autobús.
Henry misses the bus.

---

1. In Spanish you say ''a minute has 60 seconds.''

model · **el modelo**	moon · **la luna**	motorcycle · **la moto**

| |  |  |

Fritz hace un modelo de avión.
Fritz is making a model airplane.

La luna está en el cielo.
The moon is in the sky.

Enrique va en moto.
Henry is riding a motorcycle.

money · **el dinero**	more · **más**	mountain · **la montaña**

Ben cuenta el dinero.
Ben is counting his money.

Bill tiene más dinero que Ben.
Bill has more money than Ben.

Esta montaña es grande.
This is a high mountain.

monkey · **el mono**	morning · **la mañana**	mouse · **el ratón**

La mañana precede al mediodía.
Morning comes before noon.

Nos levantamos por la mañana.
We get up in the morning.

El mono se columpia.
The monkey is swinging.

Un ratón es rosado.
One mouse is pink.

monster · **el monstruo**	most · **la mayoría**	mouth · **la boca**

El monstruo es simpático.
The monster is friendly.

La mayoría de las manzanas son rojas.
Most of the apples are red.

El hombre tiene la boca grande.
The man has a big mouth.

month · **el mes**	mother · **la madre**	to move · **mover (ue)**

Un año tiene doce meses. *¹
There are twelve months in a year.

Enero es el primer mes.
January is the first month.

Diciembre es el último mes.
December is the last month.

María es la madre de Zizi.
Mary is Zizi's mother.

Mueven la mesa.
They are moving the table.

1. In Spanish you say ''a year has twelve months'' etc.

| movie | **la película** | music | **la música** | naughty | **travieso/a** |

Fifi y Sam ven la película.
Fifi and Sam watch the movie.

La banda toca música.
The band plays music.

Zizi es traviesa.
Zizi is naughty.

| movie theater | **el cine** | mustache | **el bigote** | near | **cerca de** |

Fifi está en el cine.
Fifi is at the movie theater.

El hombre tiene bigote.
The man has a mustache.

El árbol está cerca de la casa.
The tree is near the house.

| much | **mucho** | | | neck | **el cuello** |

¿Tienes mucho dinero?
Do you have much money?

Me encuentro mucho mejor.
I feel much better.

¿Ha tenido mucho éxito?
Has he had much success?

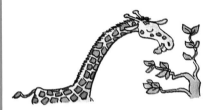

Una jirafa tiene el cuello largo.
A giraffe has a long neck.

| mud | **el barro** | nail | **el clavo** | necklace | **el collar** |

Un monstruo juega con el barro.
A monster is playing in the mud.

Enrique da con el martillo en el clavo.
Henry hits a nail with a hammer.

Fifi lleva collar.
Fifi is wearing a necklace.

| mushroom | **la seta** | name | **el nombre** | to need | **necesitar** |

Un ratón sobre una seta.
A mouse on a mushroom.

Zizi escribe su nombre.
Zizi writes her name.

Zizi necesita un baño.
Zizi needs a bath.

needle	**la aguja**

Fifi enhebra la aguja.
Fifi threads the needle.

nest	**el nido**

Los pajaritos viven en un nido.
Baby birds live in a nest.

never	**nunca**

Fifi nunca come queso.
Fifi never eats cheese.

Nunca veo la televisión.
I never watch television.

Abuelito no sale nunca de casa.
Grandpa never goes out.

new	**nuevo/a**

Ben tiene coche nuevo.
Ben has a new car.

newspaper	**el periódico**

Bill lee el periódico.
Bill is reading the newspaper.

---

next to	**junto a**

Fifi se sienta junto a Sam.
Fifi is sitting next to Sam.

night	**la noche**

Es de noche.
It is night.

nobody	**nadie**

No lleva nadie sombrero.[1]
Nobody is wearing a hat.

noise	**el ruido**

Zizi hace ruido.
Zizi is making noise.

north	**el norte**

El pájaro mira hacia el norte.
The bird is facing north.

---

nose	**la nariz**

Enrique tiene la nariz colorada.
Henry has a red nose.

notebook	**la libreta**

El hombre lee su libreta.
The man reads his notebook.

nothing	**nada**

No hay nada en la caja.[2]
There is nothing in the box.

now	**ahora** **ya**

Ahora son las cinco.
It is now 5 o'clock.

Ahora voy a casa.
Now I am going home.

Ya vengo.
I am coming now.

number	**el número**

Todos éstos son numeros. *
These are all numbers.

---

1. In Spanish you say ''nobody is not wearing a hat.''   2. In Spanish you say ''there is not nothing in the box.''

nurse	la enfermera	office	la oficina	onion	la cebolla

La enfermera da la medicina a Ben.
A nurse gives Ben medicine.

Jake trabaja en una oficina.
Jake works in an office.

Enrique corta las cebollas* en ronchas.
Henry is slicing onions.

nut	la nuez	often	con frecuencia	only	sólo

Zizi come nueces. *
Zizi is eating nuts.

Suena con frecuencia el teléfono.
The telephone often rings.

Sólo uno de los cerdos es negro.
Only one pig is black.

		oil	el aceite	to open	abrir

Tim pone aceite en la bicicleta.
Tim puts oil on his bicycle.

Fifi abre la puerta.
Fifi opens the door.

octopus	el pulpo	old	viejo/a	open	abierto/a

Es un pulpo.
This is an octopus.

Abuelito es viejo.
Grandpa is an old man.

La tienda está abierta.
The store is open.

to offer	regalar	on	en	opposite	el contrario

Sam regala flores a Fifi.
Sam offers Fifi flowers.

La taza está en la mesa.
The cup is on the table.

Caliente es el contrario de frío.
Hot is the opposite of cold.

or   o

¿Qué zapatos desea, los azules o los rojos?
Which shoes do you want, the blue ones or the red ones?

Puede llevarse este par o el otro.
You can take one pair or the other.

orange   anaranjado/a

Enrique tiene calcetines anaranjados.
Henry has orange socks.

orange   la naranja

La naranja es anaranjada.
An orange is orange.

to order   pedir (i)

Fritz pide la cena.
Fritz orders dinner.

other   otro/a

¿Dónde está el otro calcetín?
Where is the other sock?

out of   fuera de

Los juguetes están fuera de la caja.
The toys are out of the box.

outside   fuera

Zizi juega fuera.
Zizi is playing outside.

over   sobre

El cerdo salta sobre la cerca.
The pig jumps over the fence.

owl   el búho

El búho está en el árbol.
The owl is in the tree.

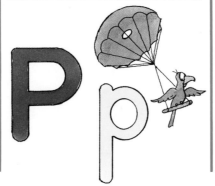

package   el paquete

El cartero trae un paquete.
The mailman brings a package.

page   la página

Esta es la primera página.
This is the first page.

to paint   pintar

La artista pinta.
The artist paints.

paint   la pintura

Estas son sus pinturas.*
These are her paints.

pair   el par

Un par de calcetines anaranjados.
A pair of orange socks.

palace	**el palacio**

El rey vive en un palacio.
The king lives in a palace.

parents	**los padres***

Zizi está con sus padres.*
Zizi is with her parents.

to pass	**pasar**

Enrique pasa por delante de Bruno.
Henry passes in front of Bruno.

---

pancake	**la tortita**

Bill hace una tortita.
Bill is making a pancake.

park	**el parque**

Fifi se pasea por el parque.
Fifi is walking in the park.

passport	**el pasaporte**

Ben enseña su pasaporte.
Ben shows his passport.

---

pants	**los pantalones***

Ben lleva pantalones* rojos.
Ben wears red pants.

to park	**aparcar**

Enrique aparca su coche.
Henry is parking his car.

path	**el camino**

El camino atraviesa el campo.
The path crosses the field.

---

paper	**el papel**

Zizi pinta en el papel.
Zizi is painting on paper.

parrot	**el loro**

El loro se está riendo.
The parrot is laughing.

patient	**el enfermo**

El enfermo está en cama.
The patient is in bed.

---

parachute	**el paracaídas**

El paracaídas aterriza.
The parachute is coming down.

party	**la fiesta**

Fifi celebra una fiesta.
Fifi is giving a party.

paw	**la pata**

El gato se chupa la pata.
The cat is licking its paw.

to pay	**pagar**	pencil	**el lápiz**	piano	**el piano**

Fifi paga el pan.
Fifi pays for the bread.

Dibuja con un lápiz.
She draws with a pencil.

Fritz toca el piano.
Fritz plays the piano.

pea	**el chícharo**	people	**la gente**[1]	to pick	**coger**

Zizi come chícharos.*
Zizi is eating peas.

Gente hablando.
People talking.

La gente coge peras.
The people are picking pears.

peach	**el durazno**	pepper	**la pimienta**	to pick up	**recoger**

Bill come un durazno.
Bill is eating a peach.

Bill pone pimienta en la comida.
Bill puts pepper on his food.

Fifi recoge una pera.
Fifi picks up a pear.

pear	**la pera**	perhaps	**tal vez**	picnic	**la merienda en el campo**

Ben come una pera.
Ben is eating a pear.

Tal vez llueva.
Perhaps it will rain.

Tal vez venga mañana.
Perhaps he will come tomorrow.

Los amigos tienen una merienda en el campo.
The friends have a picnic.

pen	**la pluma**	photograph	**la fotografía**	picture	**el cuadro**

Fifi escribe a pluma.
Fifi writes with a pen.

Es una fotografía de Fifi.
This is a photograph of Fifi.

Un cuadro de una merienda en el campo.
A picture of a picnic.

pie **el pastel**	pilot **el piloto**	pipe **la pipa**

Bill corta el pastel.
Bill cuts the pie.

El piloto pilota un avión.
The pilot flies an airplane.

Ben fuma pipa.
Ben is smoking a pipe.

piece **el trozo**	pin **el alfiler**	pitcher **la jarra**

Zizi come un trozo de pastel.
Zizi eats a piece of pie.

Bill clava un alfiler a Ben.
Bill sticks Ben with a pin.

Fifi vierte la leche de una jarra.
Fifi pours milk from a pitcher.

pig **el cerdo**	to pinch **pellizcar**	place **el sitio**

Esto es un cerdo rosado.
This is a pink pig.

Bill le pellizca a Ben.
Bill pinches Ben.

Ben anda buscando un sitio donde tener la merienda en el campo.
Ben is looking for a place to have a picnic.

Ella vive en un sitio precioso.
She lives in a pretty place.

pile **el montón**	pineapple **la piña**	plant **la planta**

Enrique tiene un montón de libros.
Henry has a pile of books.

Una piña grande.
A big pineapple.

Enrique tiene una planta.
Henry has a plant.

pillow **la almohada**	pink **rosado/a**	to plant **plantar**

Zizi tiene una almohada blanda.
Zizi has a soft pillow.

El cerdo grande es rosado.
The big pig is pink.

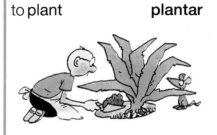

La planta en el jardín.
He plants it in the garden.

plate	**el plato**

Las papas fritas están en el plato.
The French fries are on a plate.

to polish	**sacar brillo**

Fritz saca brillo a la mesa.
Fritz is polishing the table.

porcupine	**el erizo**

Es un erizo.
This is a porcupine.

to play	**jugar (ue)**

Los niños juegan.
The children are playing.

polite	**cortés**

Es cortés decir "por favor" cuando se pide algo.
It is polite to say "Please" when you ask for something.

pork	**el puerco**

Fritz come puerco.
Fritz is eating pork.

pocket	**el bolsillo**

El pañuelo está en el bolsillo.
The handkerchief is in the pocket.

pond	**el estanque**

Los patos nadan en el estanque.
Ducks are swimming in a pond.

port	**el puerto**

El barco está en el puerto.
The ship is in port.

to point	**indicar con el dedo**

Ben indica a Bill con el dedo.[1]
Ben is pointing at Bill.

pony	**el caballito**

Enrique va a caballito.
Henry is riding a pony.

postcard	**la tarjeta**

Fifi escribe una tarjeta.
Fifi writes a postcard.

policeman	**el policía**

El policía está indicando con el dedo.
The policeman is pointing.

poor	**pobre**

Un pobre[2] tiene poco dinero.
A poor man has little money.

post office	**Correos**

Fifi está en Correos.
Fifi is at the post office.

1. In Spanish you say "to point with the finger."   2. **el pobre** = the poor man

pot **el cazo**	pretty **bonito/a**	to pull **tirar de**

Ben coge el cazo.
Ben picks up the pot.

Fifi es una chica bonita.
Fifi is a pretty girl.

Bill y Ben tiran de la soga.
Bill and Ben are pulling the rope.

potato **la papa**	price **el precio**	puppet **la marioneta**

Enrique pela una papa.
Henry peels a potato.

¿Qué precio tienen las papas?
What price are the potatoes?

La marioneta baila.
The puppet is dancing.

to pour **echar**	prize **el premio**	puppy **el cachorro**[1]

Enrique echa jugo en el vaso.
Henry is pouring juice into the glass.

Enrique gana un premio.
Henry wins a prize.

El cachorro es un perrito.
A puppy is a baby dog.

present **el regalo**	to promise **prometer**	purple **purpúreo/a**

Enrique da un regalo a Fifi.
Henry gives Fifi a present.

Fifi promete mandar una tarjeta a Enrique.
Fifi promises to send Henry a postcard.

Prometo venir.
I promise to come.

El rey lleva manto purpúreo.
The king has a purple robe.

to pretend **fingir**	pudding **el pudín**	purse **el monedero**

Fifi finge ser fantasma.
Fifi pretends to be a ghost.

A Zizi le gusta el pudín.
Zizi likes pudding.

Fifi pone dinero en el monedero.
Fifi puts money in her purse.

1. a female puppy = **la cachorra**

to push	**empujar**

Bill empuja a Ben.
Bill is pushing Ben.

to put	**poner**

Fifi pone la leche en el refrigerador.
Fifi puts milk into the refrigerator.

puzzle	**el rompecabezas**

Fritz juega a rompecabezas.
Fritz is doing a puzzle.

pyjamas	**el pijama**[1]

Enrique lleva pijama.
Henry is wearing pyjamas.

queen	**la reina**

La reina lleva corona.
The queen wears a crown.

question	**la pregunta**

La reina hace una pregunta al rey.
The queen asks the king a question.

Por favor, responde a mi pregunta.
Please answer my question.

La pregunta no tiene respuesta.
The question has no answer.

quiet	**silencioso/a**

El ladrón es muy silencioso.
The burglar is very quiet.

quite	**bastante**

La película es bastante buena pero el libro es mejor.
The movie is quite good but the book is better.

Es bastante listo.
He is quite smart.

rabbit	**el conejo**

El conejo corre.
The rabbit is running.

race	**la carrera**

Los conejos hacen una carrera.
The rabbits are having a race.

radiator	**el radiador**

El radiador calienta la habitación.
The radiator warms the room.

radio	**la radio**

Abuelito escucha la radio.
Grandpa is listening to the radio.

railroad track	**la vía del ferrocarril**

Un conejo en la vía del ferrocarril.
A rabbit on the railroad track.

1. This is singular in Spanish..

to rain   **llover (ue)**

Llueve.
It is raining.

rainbow   **el arco iris**

Un arco iris en el cielo.
A rainbow in the sky.

raincoat   **el impermeable**

Enrique lleva impermeable.
Henry is wearing a raincoat.

raspberry   **la frambuesa**

Una fuente de frambuesas.*
A dish of raspberries.

rat   **la rata**

La rata persigue al conejo.
The rat is chasing a rabbit.

---

razor   **la maquinilla**

Sam se afeita con maquinilla.
Sam shaves with a razor.

to reach   **alcanzar**

Fifi no alcanza el libro.
Fifi cannot reach the book.

to read   **leer**

Fifi lee un libro.
Fifi is reading a book.

real   **real**

Este elefante es real.
This is a real elephant.

to receive   **recibir**

Fifi recibe una carta.
Fifi receives a letter.

---

to recognize   **reconocer**

Fritz reconoce a Fifi.
Fritz recognizes Fifi.

Reconozco la escritura de ella.
I recognize her handwriting.

record   **el disco**

Bill toca un disco.
Bill puts on a record.

red   **rojo/a**

Fifi pinta roja la silla.
Fifi is painting the chair red.

refrigerator   **el refrigerador**

Ben pone la leche en el refrigerador.
Ben puts milk in the refrigerator.

to refuse   **rehusar**

El burro rehusa moverse.
The donkey refuses to move.

to remember **recordar (ue)**	to ride **montar**	road **la carretera**

Fritz recuerda a Fifi.
Fritz remembers Fifi.

Enrique no recuerda dónde ha puesto el libro.
Henry cannot remember where he put the book.

Enrique monta en burro.
Henry is riding a donkey.

Hay ovejas en la carretera.
There are sheep on the road.

to rest **descansar**	right **la derecha**	to roar **rugir**

Enrique descansa.
Henry is resting.

Fifi levanta la mano derecha.
Fifi raises her right hand.

El león ruge.
The lion is roaring.

ribbon **la cinta**	ring **el anillo**	rock **la roca**

Zizi tiene en el pelo una cinta.
Zizi has a ribbon in her hair.

Un anillo en la mano derecha.
A ring on the right hand.

Enrique se sienta en la roca.
Henry is sitting on a rock.

rice **el arroz**	to ring **sonar (ue)**	roof **el tejado**

Los chinos comen mucho arroz.
The Chinese eat a lot of rice.

Suena el teléfono.
The telephone is ringing.

La casa tiene un tejado rojo.
The house has a red roof.

rich **rico/a**	river **el río**	room **la habitación**

Este hombre es rico.
This is a rich man.

El río es ancho.
The river is wide.

Esta es una habitación de la casa de Fifi.
This is a room in Fifi's house.

58

rooster	**el gallo**

El gallo despierta a Sam.
The rooster wakes Sam.

round	**redondo/a**

La mesa es redonda.
The table is round.

root	**la raíz**

La planta tiene raíces. *
The plant has roots.

row	**la fila**

Cinco cerditos en fila.
Five little pigs in a row.

sack	**el saco**

El ladrón lleva un saco.
The thief is carrying a sack.

rope	**la soga**

Enrique se sube a la soga.
Henry is climbing a rope.

to row	**remar**

Bill rema en un bote.
Bill is rowing a boat.

sad	**triste**

Enrique está triste.
Henry is sad.

rose	**la rosa**

Fifi huele la rosa.
Fifi is smelling a rose.

to rub	**frotar**

El gato se frota el lomo.
The cat is rubbing its back.

safe	**salvo/a**

Enrique está salvo.
Henry is safe.

rough	**lleno/a de baches**

La carretera está llena de baches. [1]
The road is rough.

to run	**correr**

Enrique corre muy de prisa.
Henry runs very fast.

to sail	**ir en barco de vela**

Fifi va en barco de vela.
Fifi is sailing a boat.

---

1. **Llena de baches** means literally "full of ruts."

sailboat	**el barco de vela**

El barco de vela está en el mar.
The sailboat is at sea.

sailor	**el marinero**

El marinero va en barco.
The sailor sails a boat.

salad	**la ensalada**

Una ensalada se hace con verduras.
A salad is made of vegetables.

salt	**la sal**

Bill pone sal a la ensalada.
Bill puts salt on the salad.

same	**mismo/a**

Dos chicas con el mismo sombrero.
Two girls with the same hat.

sand	**la arena**

Zizi cava en la arena.
Zizi is digging in the sand.

sandal	**la sandalia**

Un par de sandalias. *
A pair of sandals.

sandwich	**el bocadillo**

Un bocadillo muy grande.
A very big sandwich.

sauce	**la salsa**

Fifi echa la salsa.
Fifi is pouring the sauce.

saucer	**el platillo**

La taza está en el platillo.
The cup is on a saucer.

sausage	**la salchicha**

Ben come salchichas. *
Ben is eating sausages.

saw	**la sierra**

Bill corta leña con la sierra.
Bill cuts wood with the saw.

to say	**decir (i)**

Bill dice que es rico.
Bill says he is rich.

La carta dice que están bien.
The letter says they are well.

Ella dice que va a venir.
She says she is coming.

scale	**la balanza**

Fifi está de pie en la balanza.
Fifi stands on the scale.

scarf	**la bufanda**

Enrique lleva una bufanda larga.
Henry has a long scarf.

60

school — **la escuela**	to see — **ver**	sentence — **la frase**

Los niños están en la escuela. The children are at school.	**Zizi ve la foca.** Zizi sees the seal.	**Esto es una frase.** This is a sentence.

scissors — **las tijeras***	seed — **la semilla**	to serve — **servir (i)**

Fifi corta el pelo a tijeras.* Fifi cuts hair with scissors.	**Daniel siembra semillas.*** Dan is planting seeds.	**El camarero sirve a Fifi.** The waiter is serving Fifi.

to scratch — **rascar(se)**	to seem — **parecer**	to sew — **coser**

Ruff se rasca la oreja. Ruff is scratching his ear.	**Parece que está enfadado.** He seems to be angry.	**Enrique cose.** Henry is sewing.

sea — **el mar**	to sell — **vender**	sewing machine — **la máquina de coser**

El mar es azul. The sea is blue.	**El panadero vende pan.** The baker sells bread.	**Usa una máquina de coser.** He is using a sewing machine.

seal — **la foca**	to send — **mandar**	shadow — **la sombra**

La foca está en el mar. The seal is in the sea.	**Fifi manda una carta.** Fifi is sending a letter.	**Zizi mira su sombra.** Zizi is looking at her shadow.

to shake	**sacudir**	shed	**la caseta**	shirt	**la camisa**

Bill sacude el árbol.
Bill is shaking the tree.

El obrero está en la caseta.
The workman is in the shed.

Fritz lleva una camisa azul.
Fritz is wearing a blue shirt.

shape	**la figura**	sheep	**la oveja**	shoe	**el zapato**

Estas son distintas figuras.*
These are different shapes.

Tres ovejas* en fila.
Three sheep in a row.

Un par de zapatos* rojos.
A pair of red shoes.

to share	**repartir(se)**	sheet	**la sábana**	short	**pequeño/a¹**

Bill y Ben se reparten la tarta.
Bill and Ben share the cake.

Fifi pone una sábana en la cama.
Fifi puts a sheet on the bed.

La culebra amarilla es pequeña.
The yellow snake is short.

shark	**el tiburón**	shell	**la concha**	shorts	**los pantalones cortos***

El tiburón persigue a Enrique.
The shark is chasing Henry.

Zizi recoge una concha.
Zizi picks up a shell.

Enrique lleva unos pantalones cortos* de color blanco.
Henry wears white shorts.

sharp	**afilado/a**	ship	**el barco**	shoulder	**el hombro**

El cuchillo está afilado.
The knife is sharp.

El barco está en el mar.
The ship is at sea.

El pájaro está en el hombro de Bob.
The bird is on Bob's shoulder.

| shovel — **la pala** | sidewalk — **la acera** | sink — **el lavabo** |

Dan cava con una pala.
Dan is digging with a shovel.

Fifi está en la acera.
Fifi is on the sidewalk.

El lavabo es amarillo.
The sink is yellow.

to **show** — **enseñar** | sign — **el letrero** | sister — **la hermana**

Fifi enseña el cuadro a Abuelito.
Fifi shows Grandpa the picture.

Fred lee el letrero.
Fred is reading the sign.

Zizi y Daisy son hermanas. *
Zizi and Daisy are sisters.

shower — **la ducha** | silver — **de plata** | to **sit** — **sentar(se) (ie)**

Enrique toma una ducha.
Henry is taking a shower.

Fifi lleva pulsera de plata.
Fifi is wearing a silver bracelet.

Zizi se sienta en la silla.
Zizi is sitting on the chair.

to **shut** — **cerrar (ie)** | since — **desde** | to **skate** — **patinar**

Fifi no ha visto a Ben desde el martes.
Fifi has not seen Ben since Tuesday.

La puerta está cerrada.
The gate is shut.

Fifi y Enrique están patinando.
Fifi and Henry are skating.

side — **el lado** | to **sing** — **cantar** | ski — **el esquí**

Un lado de la caja es rosado.
One side of the box is pink.

La gente canta.
The people are singing.

Enrique se pone los esquís. *
Henry puts on skis.

to ski **esquiar**	sleeve **la manga**	slowly **despacio**

Enrique esquía.
Henry is skiing.

La camisa tiene sólo una manga.
The shirt only has one sleeve.

El caracol se mueve despacio.
A snail moves slowly.

skin **la piel**	slice **la rebanada**	small **pequeño/a**

El elefante tiene la piel gris.
An elephant has gray skin.

Bill corta una rebanada de pan.
Bill cuts a slice of bread.

El oso pardo es pequeño.
The brown bear is small.

skirt **la falda**	to slide **resbalar(se)**	to smell **oler**

Fifi lleva falda roja.
Fifi is wearing a red skirt.

Enrique se resbala en el hielo.
Henry is sliding on the ice.

Fifi huele el perfume.
Fifi smells the perfume.

sky **el cielo**	slide **la diapositiva**	to smile **sonreír (i)**

Hay un pájaro en el cielo.
There is a bird in the sky.

Es una diapositiva.
This is a slide.

Fifi sonríe.
Fifi is smiling.

to sleep **dormir (ue)**	slipper **la zapatilla**	to smoke **fumar**

Zizi duerme.
Zizi is sleeping.

Zizi lleva zapatillas* rojas.
Zizi wears red slippers.

Abuelito fuma pipa.
Grandpa is smoking a pipe.

snail	**el caracol**	sock	**el calcetín**	someone	**alguien**

Alguien me ha robado el coche.
Someone has stolen my car.

something   **algo**
Tengo algo en el ojo.
There is something in my eye.

Ya viene otra vez el caracol.
Here comes the snail again.

Zizi lleva calcetines* rosados.
Zizi is wearing pink socks.

sometimes   **a veces**
A veces estoy triste.
Sometimes I am sad.

snake	**la culebra**	sofa	**el sofá**	son	**el hijo**

La culebra está en la hierba.
The snake is in the grass.

Fifi se sienta en el sofá.
Fifi is sitting on the sofa.

Enrique es el hijo de Abuelito.
Henry is Grandpa's son.

to snow	**nevar (ie)**	soft	**blando/a**	song	**la canción**

Está nevando.
It is snowing.

El cojín es blando.
The cushion is soft.

La cantante canta una canción.
The singer is singing a song.

soap	**el jabón**	soldier	**el soldado**	soon	**pronto**

Iremos pronto a casa.
We will go home soon.

Quiero ir lo más pronto posible.
I want to go as soon as possible.

Ben tiene jabón en la cara.
Ben has soap on his face.

El soldado está en la mili.
The soldier is in the army.

soccer	**el fútbol**	some	**algunos/as**	sort	**el tipo**

Sam juega al fútbol.
Sam plays soccer.

Algunos soldados se sonríen.
Some soldiers are smiling.

Tres tipos* de sombrero.
Three sorts of hats.

| soup | la sopa | to spend | gastar | square | el cuadrado |

soup — **la sopa**

Enrique toma la sopa.
Henry is eating soup.

to spend — **gastar**

Ben gasta dinero.
Ben is spending money.

square — **el cuadrado**

Esto es un cuadrado.
This is a square.

south — **el sur**

El pájaro mira hacia el sur.
The bird is facing south.

spider — **la araña**

La araña asusta a Fifi.
The spider frightens Fifi.

stable — **la cuadra**

El caballo vive en la cuadra.
The horse lives in the stable.

space — **el espacio**

El astronauta está en el espacio.
The astronaut is in space.

spoon — **la cuchara**

Zizi come con cuchara.
Zizi is eating with a spoon.

stairs — **las escaleras***

Zizi sube las escaleras.*
Zizi is going up the stairs.

to speak — **hablar**

Fifi habla a Abuelito.
Fifi is speaking to Grandpa.

spot — **el grano**

Zizi tiene muchos granos.*
Zizi has lots of spots.

stamp — **el sello**

Dos sellos* en un sobre.
Two stamps on an envelope.

to spell — **deletrear**

Zizi sabe deletrear su nombre.
Zizi can spell her name.

to spread — **untar**

Bill unta el pan con mantequilla.
Bill is spreading the bread with butter.

to stand — **estar de pie**

Bill está de pie encima de Ben.
Bill is standing on Ben.

| star   **la estrella** | to steal   **robar** | stockings   **las medias*** |

La estrella brilla en el cielo.
The star shines in the sky.

Fred roba joyas.
Fred is stealing jewelry.

Fifi lleva medias* negras.
Fifi is wearing black stockings.

| to start   **comenzar (ie)** | stem   **el tallo** | stone   **la piedra** |

La carrera comienza.
The race is starting.

La flor tiene un tallo largo.
The flower has a long stem.

Zizi coge una piedra.
Zizi picks up a stone.

| station   **la estación** | step   **la escalera** | to stop   **parar(se)** |

El train está en la estación.
The train is in the station.

El gato está sentado en la escalera.
The cat is sitting on the step.

El auto se para en el paso para peatones.
The car stops at the crossing.

| statue   **la estatua** | stereo   **el estéreo** | store   **la tienda** |

Enrique mira la estatua.
Henry is looking at the statue.

Esto es un estéreo.
This is a stereo.

Fifi va a la tienda.
Fifi goes into a store.

| to stay   **quedar(se)** | stick   **el palo** | storm   **la tormenta** |

Quédate aquí.
Stay here.

Fifi se queda en la cama.
Fifi is staying in bed.

Enrique se queda cuatro días en París.
Henry is staying in Paris for four days.

Daniel lleva palos. *
Dan is carrying sticks.

Es una tormenta.
It's a storm.

story　　la historieta	street　　la calle	submarine　el submarino

Abuelito lee una historieta.
Grandpa is reading a story.

Es una calle de una ciudad.
This is a street in a town.

El submarino está sumergido.
The submarine is underwater.

stove　　la cocina	string　　la cuerda	subway　　el metro

La cocina de Enrique es muy vieja.
Henry's stove is very old.

Un trozo de cuerda.
A piece of string.

Una estación de metro.
A subway station.

straight　　recto/a	striped　　a rayas	suddenly　de repente

La carretera es muy recta.
The road is very straight.

Fifi tiene un vestido a rayas.
Fifi has a striped dress.

El auto se para de repente.
The car stops suddenly.

strawberry　la fresa	strong　　fuerte	sugar　　el azúcar

Zizi come una fresa.
Zizi is eating a strawberry.

Sam es fuerte.
Sam is strong.

Fifi pone azúcar en su té.
Fifi puts sugar in her tea.

stream　　el arroyo	stupid　　estúpido/a	suit　　el traje

Fifi cruza un arroyo.
Fifi is crossing a stream.

Enrique se siente estúpido.
Henry is feeling stupid.

Enrique lleva traje.
Henry is wearing a suit.

| suitcase **la maleta** | to swallow **tragar** | swimsuit **el traje de baño** |

Ben lleva una maleta.
Ben is carrying a suitcase.

La culebra traga algo.
The snake swallows something.

Fifi lleva traje de baño a rayas.
Fifi wears a striped swimsuit.

sun **el sol**

El sol brilla.
The sun is shining.

swan **el cisne**

El cisne nada.
The swan is swimming.

swing **el columpio**

Ben está en el columpio.
Ben is on the swing.

supermarket **el super-mercado**

Fifi está en el supermercado.
Fifi is at the supermarket.

sweater **el suéter**

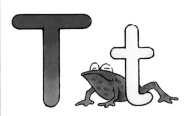

Aggie lleva un suéter rosado.
Aggie is wearing a pink sweater.

surprise **la sorpresa**

¡Qué sorpresa para Fifi!
What a surprise for Fifi!

to swim **nadar**

Bill y Ben están nadando.
Bill and Ben are swimming.

table **la mesa**

El gato está en la mesa.
The cat is on the table.

to surround **rodear**

Los pájaros rodean al gato.
The birds surround the cat.

swimming pool **la piscina**

Esto es una piscina.
This is a swimming pool.

tail **la cola**

Tan sólo un gato tiene cola.
Only one cat has a tail.

to take	**coger**	teacher	**el maestro**	teddy bear - **el osito de felpa**

Zizi coge un chocolate.
Zizi is taking a chocolate.

El maestro da clase.
The teacher is teaching the class.

Zizi tiene un osito de felpa.
Zizi has a teddy bear.

---

tall	**alto/a**	team	**el equipo**	teeth	**los dientes***

La mujer es alta.
The woman is tall.

Un equipo de fútbol.
A soccer team.

La rata tiene dientes* afilados.
The rat has sharp teeth.

---

to taste	**probar (ue)**	teapot	**la tetera**	telephone	**el teléfono**

Ben prueba la salsa.
Ben is tasting the sauce.

Fifi sirve el té de la tetera.
Fifi pours tea from a teapot.

Suena el teléfono.
The telephone is ringing.

---

taxi	**el taxi**	to tear	**rasgar**	television	**la televisión**

Fritz llama un taxi.
Fritz calls a taxi.

A Enrique se le rasga el pantalón.
Henry tears his pants.

Los niños están viendo la televisión.
The children are watching television.

---

tea	**el té**	tear	**la lágrima**	to tell	**contar (ue)**

Fifi toma una taza de té.
Fifi has a cup of tea.

Zizi tiene lágrimas* en la cara.
Zizi has tears on her face.

Abuelito cuenta una historieta a los niños.
Grandpa is telling the children a story.

| tennis | **el tenis** | then | **luego** | thing | **la cosa** |

then   **luego**

Cenó y luego tomó un trozo de tarta.
He ate his dinner, then he had a piece of cake.

Pon un sello en la carta y luego llevala a correos.
Put a stamp on the letter, then take it to the post office.

thing   **la cosa**

Diez cosas* en la bandeja.
Ten things on a tray.

tennis   **el tenis**

Bill y Ben juegan al tenis.
Bill and Ben are playing tennis.

---

tent   **la tienda de campaña**

Enrique se asoma a la tienda de campaña.
Henry looks out of the tent.

there   **allí**

El coche no está allí.
The car is not there.

¿Está Fifi allí?
Is Fifi there?

to think   **pensar (ie)**

Fifi piensa en Sam.
Fifi is thinking about Sam.

---

to thank   **agradecer**

Fifi agradece a Ben el regalo.
Fifi thanks Ben for the present.

thick   **grueso/a**

La rebanada de pan es gruesa.
The slice of bread is thick.

to be thirsty   **tener sed**

El hombre tiene sed.
The man is thirsty.

---

that   **aquel/aquella**

Dame aquella manzana.
Give me that apple.

Quiero aquella manzana, no ésta.
I want that apple, not this one.

thief   **el ladrón**

El ladrón roba las joyas.
The thief is stealing jewels.

this   **este/a**
esto (this thing)

Toma este sombrero, no aquel sombrero.
Take this hat, not that hat.

Esto es un elefante y aquello es un camello.
This is an elephant and that is a camel.

---

theater   **el teatro**

Fifi está en el teatro.
Fifi is at the theater.

thin   **delgado/a**

El hombre es delgado.
The man is thin.

thread   **el hilo**

Fifi cose con hilo de algodón.
Fifi is sewing with cotton thread.

through   por

El rey entra por la puerta.
The king comes in through the door.

to throw   echar

Zizi echa pan a los patos.
Zizi throws bread to the ducks.

thumb   el pulgar

Enrique se pega en el pulgar.
Henry hits his thumb.

ticket   el boleto

Fifi enseña su boleto.
Fifi shows her ticket.

tie   la corbata

Enrique lleva una corbata de lunares.
Henry is wearing a spotted tie.

to tie   atar

Bill ata un nudo.
Bill is tying a knot.

tiger   el tigre

El tigre ruge.
The tiger is roaring.

tights   los pantalones ajustados*

Un par de pantalones ajustados.*
A pair of tights.

tire   el neumático

La bicicleta tiene los neumáticos* desinflados.
The bicycle has flat tires.

tired   cansado/a

Enrique está cansado.
Henry is tired.

to   a

Los niños van a la escuela.
The children go to school.
Fifi va al trabajo.
Fifi is going to work.
Enrique va a la estación.
Henry is going to the station.
Bill da una manzana a Ben.
Bill gives an apple to Ben.

today   hoy

Hoy es el cumpleaños de Zizi.
Today is Zizi's birthday.

toe   el dedo del pie

El pie tiene cinco dedos.*
A foot has five toes.

together   juntos/as

Los gatos duermen juntos.
The cats sleep together.

tomato   el tomate

Enrique corta los tomates* en rodajas.
Henry is slicing tomatoes.

tomorrow	**mañana**

Después de hoy viene mañana.
Tomorrow is the day after today.

Hoy es lunes, así que mañana será martes.
Today is Monday, so tomorrow will be Tuesday.

toothpaste	**la pasta de dientes**

Pasta de dientes en un cepillo de dientes.
Toothpaste on a toothbrush.

tower	**la torre**

¿Dónde se encuentra esta torre famosa?
Where is this famous tower?

tongue	**la lengua**

Ruff tiene la lengua rosada.
Ruff has a pink tongue.

top	**la parte alta**

Ben está en la parte alta de la escalera.
Ben is on top of the ladder.

town	**el pueblo**

Esto es un pueblo.
This is a town.

too	**demasiado**

La chaqueta es demasiado pequeña.
The coat is too small.

to touch	**tocar**

¿Quién le toca la espalda al ladrón?
Who touches the thief's shoulder?

toy	**el juguete**

Zizi juega con un juguete.
Zizi is playing with a toy.

tool	**la herramienta**

Estas son herramientas.*
These are tools.

towards	**hacia**

El gato va hacia la leche.
The cat is going towards the milk.

tractor	**el tractor**

Enrique maneja el tractor.
Henry is driving a tractor.

toothbrush	**el cepillo de dientes**

Un cepillo de dientes amarillo.
A yellow toothbrush.

towel	**la toalla**

Enrique tiene una toalla amarilla.
Henry has a yellow towel.

traffic light	**el semáforo**

Choca contra el semáforo.
He hits the traffic light.

trailer **el remolque**	truck **el camión**	to type **escribir a máquina**

Fred tiene un remolque grande.
Fred has a big trailer.

Enrique maneja el camión.
Henry is driving the truck.

Enrique escribe a máquina.
Henry is typing.

train **el tren**	trumpet **la trompeta**	typewriter **la máquina de escribir**

Enrique se monta en el tren.
Henry gets on the train.

Ben toca la trompeta.
Ben is playing a trumpet.

La máquina de escribir es muy vieja.
The typewriter is very old.

treasure **el tesoro**	tulip **el tulipán**	

Ali Baba encuentra el tesoro.
Ali Baba finds the treasure.

Los tulipanes* están en el florero.
The tulips are in the vase.

tree **el árbol**	to turn **doblar**	ugly **feo/a**

El árbol tiene hojas verdes.
The tree has green leaves.

El coche dobla a la izquierda.
The car is turning left.

El monstruo es feo.
The monster is ugly.

triangle **el triángulo**	twin **el gemelo, la gemela**	umbrella **el paraguas**

Todos éstos son triángulos.
These are all triangles.

Bella y Betty son gemelas.*
Bella and Betty are twins.

Enrique pierde el paraguas.
Henry loses his umbrella.

uncle	el tío

Tom es el tío de Zizi.
Tom is Zizi's uncle.

until	hasta

Ben no viene a casa hasta mañana.
Ben is not coming home until tomorrow.

Esperas hasta que vuelva.
Wait until I come back.

V v

under	debajo de

El gato está debajo de la cama.
The cat is under the bed.

(to go) up	subir

Enrique sube la escalera.
Henry is going up a ladder.

vacation	las vacaciones*[1]

**Bill está de vacaciones.*
Bill is on vacation.

to understand	entender (ie)

Entiendo lo que dice.
I understand what he says.

Entiendo cómo funciona esta máquina.
I understand how this machine works.

Entiendo francés.
I understand French.

upstairs	arriba

El gato está arriba.
The cat is upstairs.

vacuum cleaner	la aspiradora

Una aspiradora azul.
A blue vacuum cleaner.

to undress	desvestir(se) (i)

Fifi desviste a Zizi.
Fifi is undressing Zizi.

to use	usar

Fifi usa un cuchillo.
Fifi is using a knife.

valley	el valle

El río en un valle.
A river in a valley.

unhappy	triste

Enrique está triste.
Henry is unhappy.

useful	útil

El cuchillo es útil.
The knife is useful.

van	la camioneta

Enrique maneja una camioneta.
Henry is driving a van.

1. This is always plural in Spanish.

vase **el florero**

El florero está lleno de flores.
The vase is full of flowers.

vegetable **la legumbre**

Estas son legumbres.*
These are vegetables.

very **muy**

La niña es muy bonita.
The girl is very pretty.

Enrique habla francés muy bien.
Henry speaks French very well.

¡Muy bien!
Very good!

village **la aldea**

Una aldea es un pueblo pequeño.
A village is a small town.

violin **el violín**

Enrique toca el violín.
Henry plays the violin.

---

to visit **visitar**

Fifi visita a Abuelito.
Fifi is visiting Grandpa.

voice **la voz**

Abuelito tiene voz callada.
Grandpa has a quiet voice.

Ben tiene la voz baja. Fifi tiene la voz alta.
Ben has a low voice. Fifi has a high voice.

to wait **esperar**

Aggie espera el autobús.
Aggie is waiting for a bus.

waiter **el camarero**

El camarero sirve a Fifi.
The waiter serves Fifi.

---

to wake up **despertar(se) (ie)**

Enrique se despierta.
Henry is waking up.

walk **el paseo**

Fifi va de paseo.
Fifi is going for a walk.

wall **la pared**

Los gatos están subidos en la pared.
The cats are on the wall.

wallpaper **el papel de empapelar**

Bill pone papel de empapelar.
Bill is putting up wallpaper.

to want **querer (ie)**

Zizi quiere una tartita.
Zizi wants a cupcake.

| war | la guerra | watch | el reloj | to wear | llevar |

war　　　　**la guerra**

Los dos países están en guerra.
The two countries are at war.

La guerra ha durado dos años.
The war has lasted two years.

watch　　　　**el reloj**

Fifi mira el reloj.
Fifi looks at her watch.

to wear　　　　**llevar**

Fifi lleva sombrero.
Fifi is wearing a hat.

to be warm　　　　**tener calor**

Fifi tiene calor .
Fifi is warm.

water　　　　**el agua (f)**

La bañera está llena de agua.
The bathtub is full of water.

wedding　　　　**la boda**

Una boda en la iglesia.
A wedding at the church.

to wash　　　　**lavar(se)**

Enrique se lava la cara.
Henry is washing his face.

waterfall　　　　**la cascada**

Tarzán cruza la cascada.
Tarzan crosses the waterfall.

to weigh　　　　**pesar**

Fifi pesa la harina.
Fifi is weighing the flour.

washing machine　　　　**la lavadora**

La lavadora está funcionando.
The washing machine is on.

wave　　　　**la ola**

Ben salta debajo de la ola.
Ben dives under the wave.

west　　　　**el oeste**

El pájaro mira hacia el oeste.
The bird is facing west.

wasp　　　　**la avispa**

La avispa pica a Enrique.
The wasp stings Henry.

weak　　　　**débil**

Enrique es débil.
Henry is weak.

wet　　　　**mojado/a**

El perro está mojado.
The dog is wet.

what	qué	where	dónde	white	blanco/a

¿Qué hora es?
What time is it?

¿Qué quiere para comer?
What do you want to eat?

¿Dónde está el gato?
Where is the cat?

El gato gordo es blanco.
The fat cat is white.

wheat	el trigo	which	cuál	who	quién

El trigo crece en el campo.
Wheat is growing in the field.

¿Cuál de estos gatos es el más grande?
Which cat is the biggest?

¿Quién lleva sombrero?
Who is wearing a hat?

wheel	la rueda	while	mientras	why	por qué

Una bicicleta tiene dos ruedas. *
A bicycle has two wheels.

Zizi sueña mientras duerme.
Zizi dreams while she sleeps.

¿Por qué se sube Enrique al árbol?
Why is Henry climbing up the tree?

wheelbarrow	la carretilla	to whisper	hablar al oído	wide	ancho

La carretilla está llena.
The wheelbarrow is full.

Fifi le habla a Ben al oído.
Fifi is whispering to Ben.

El río es muy ancho.
The river is very wide.

when	cuando	whistle	el silbato	wife	la esposa

¿Cuándo sale el último tren?
When does the last train leave?

Tenía coche cuando vivía en París.
I had a car when I lived in Paris.

Ven cuando hayas terminado.
Come when you have finished.

El hombre toca el silbato.
The man is blowing a whistle.

Heidi es la esposa de Fritz.
Heidi is Fritz's wife.

to win   **ganar**

Sam gana la carrera.
Sam wins the race.

wind   **el viento**

Sopla el viento.
The wind is blowing.

windmill   **el molino de viento**

Esto es un molino de viento.
This is a windmill.

window   **la ventana**

El ladrón rompe la ventana.
The thief breaks the window.

wing   **el ala (f)**

El ave bate las alas. *
The bird flaps its wings.

to wipe   **secar**

Bill seca la mesa.
Bill is wiping the table.

wire   **el alambre**

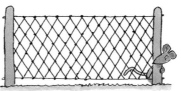

La cerca está hecha de alambre.
The fence is made of wire.

witch   **la bruja**

La bruja está volando.
The witch is flying.

with   **con**

La bruja con su gato.
The witch with her cat.

without   **sin**

La bruja sin su gato.
The witch without her cat.

woman   **la mujer**

Fifi es mujer. Enrique es hombre.
Fifi is a woman. Henry is a man.

wood   **la madera**

La mesa está hecha de madera.
The table is made of wood.

wool   **la lana**

Tres ovillos de lana.
Three balls of wool.

word   **la palabra**

Zizi escribe una palabra.
Zizi is writing a word.

to work   **trabajar**

Enrique trabaja duro.
Henry is working hard.

workbook **el libro de ejercicios**

Tim escribe en su libro de ejercicios.
Tim is writing in his workbook.

world **el mundo**

Este mapa muestra el mundo entero.
This map shows the whole world.

worm **el gusano**

El pájaro mira al gusano.
The bird looks at the worm.

to wrap **envolver (ue)**

Fifi envuelve el regalo.
Fifi is wrapping the present.

to write **escribir**

Fifi escribe una carta.
Fifi is writing a letter.

wrong **incorrecto/a**

La respuesta es incorrecta.
The answer is wrong.

year **el año**

El año tiene trescientos sesenta y cinco días.[1]
There are 365 days in a year.

El año tiene doce meses. El año tiene cincuenta y dos semanas.
There are 12 months in a year.
There are 52 weeks in a year.

to yell **gritar**

Ben le grita a Bill.
Ben is yelling at Bill.

yellow **amarillo/a**

El pollito es amarillo.
The chick is yellow.

yesterday **ayer**

Ayer fue al día antes de hoy.
Yesterday was the day before today.

Hoy es lunes, ayer fue domingo.
Today is Monday, yesterday was Sunday.

young **joven**

El cachorro es un perro joven.
A puppy is a young dog.

zebra **la cebra**

La cebra tiene la piel a rayas.
A zebra has a striped coat.

zoo **el zoo**

Zizi ve una cebra en el zoo.
Zizi sees a zebra at the zoo.

1. In Spanish you say ''the year has 365 days'' etc.

Pronunciation Guide

When you speak Spanish, people will understand you better if you try to sound like a Spanish-speaking person. Many letters in Spanish sound different from English ones. The best way to learn how to say them is to listen carefully to a Spanish-speaking person and copy what they say, but here are some general pointers to help you.

There is an example next to each letter with a hint in italics on how to pronounce it. For each Spanish sound we have shown an English word (or part of a word) that sounds like it. Read it normally to see how the Spanish should be pronounced.

A mark like this above a vowel is called a "stress mark." It means you should stress this part of the word, in other words, pronounce it more strongly than the rest.

The Spanish "a" is very much like the "a" in the English "cart" but not quite so long.
gracias *grahsyass*

The Spanish "e" is sometimes like the "a" in "late."
de *day*
But less often it is like the "e" in "get."
febrero *fehbrehroe*

In Spanish, "i" is always pronounced like the "ee" in "feet."
sí *see*

The Spanish "o" is sometimes like the "oe" in "toe."
sopa *soepah*
Sometimes it is like the "o" in "got."
dos *doss*

The Spanish "u" is like the "oo" in "loot."
una *oonah*

The Spanish "y" is a vowel when it is alone or at the end of a word. It is like the "ee" in "feet."
y *ee*

Many consonants, such as "d" and "g," sound softer than they do in English.

A mark like this above an "n" makes it sound like "ny." Pronounce it like the middle of the English word "onion."
señor *saynyor*

The Spanish "h" is never pronounced.
hombre *ombray*
All the other letters are pronounced except the "u," which is sometimes silent.

The Spanish "z" is pronounced like the "s" in "case."
brazo *brahso*
"C" also has an "s" sound, when it is followed by an "i" or "e."
centro *sayntroe*
Otherwise it is pronounced like the English word "cat."
como *koemoe*

The letters "b" and "v" sound the same in Spanish. To pronounce them, make a sound halfway between the two.
favor *fahbhor*

The Spanish "r" is a trilling sound made by putting your tongue behind your upper teeth.
río *reeoe*
The Spanish "j" is like the "ch" in the name of the composer "Bach."
pájaro *pah-haroe*

In Spanish, "ll" is pronounced like a "y," as in the English word "yes."
lleno *yaynoe*

In Spanish, "qu" sounds like "k" in the English word "kit."
mantequilla *mantekeeya*

Basic Grammar

Spanish grammar is different from English grammar. These notes will help you understand some of the things you come across in the Spanish sentences in this dictionary.

the

In Spanish every noun is either masculine or feminine. Almost all nouns ending in **o** are masculine, and those ending in **a, d,** or **ción** are usually feminine.[1] With other endings you have to learn the gender (whether they are masculine or feminine) when you learn the noun. The easiest way of doing this is by learning the word "the" with the noun. The word for "the" is **el** before masculine nouns and **la** before feminine nouns.

el libro	the book
la camisa	the shirt

The word for "the" is **los** before masculine plural nouns and **las** before feminine plural nouns.

To make a noun plural just add **s** to words ending in a vowel, and **es** to words ending in a consonant.

el libro	the book
los libros	the books
la camisa	the shirt
las camisas	the shirts
la lección	the lesson
las lecciones	the lessons

If **el** comes after **a** (to, at), it becomes **al**.

> **Fifi va al supermercado.**
> Fifi goes to the supermarket.

[1] However **la mano,** the hand, is feminine, and **el día,** the day, is masculine.

If **el** comes after **de** (of), it becomes **del**.

> **El libro del hombre.**
> The man's book.

a, an

The Spanish for "a" or "an" is **un** before masculine nouns and **una** before feminine nouns.

un libro	a book
una camisa	a shirt

Pronouns

The Spanish word for "it" or "they" depends on whether the noun it replaces is masculine or feminine.

El gato come.	The cat eats.
Él come.	It eats.

In Spanish the verb can be used alone without subject pronouns. However, **usted** and **ustedes** (you) are usually used. The others *may* be used — usually for clarity or emphasis. The subject pronouns are:

yo	I	**nosotros**	we
tu	you (sing.)[2]	**ustedes**	you (pl.)
usted	you (sing.)[2]	**ellos**	they (m)
él	he	**ellas**	they (f)
ella	she		

[2] **tu:** you (singular, informal).
usted: you (singular, formal).

Adjectives

Spanish adjectives are masculine or feminine to go with the nouns they are describing. If the masculine form of the adjective ends in **o**, the feminine form ends in **a,** and the plurals are **os** (m), and **as** (f).

el niño contento	the happy boy
la niña contenta	the happy girl
los niños contentos	the happy children

If the adjective ends in **e**, it is the same in the masculine and feminine forms. The plural of both is made by adding **s**.

el libro grande	the big book
la casa grande	the big house
las bolsas grandes	the big bags

If the adjective ends in a consonant, it is the same in the masculine and feminine forms. The plural of both is made by adding **es**.

el brazo débil	the weak arm
la gata débil	the weak cat
los animales débiles	the weak animals

Verbs

The ending of a Spanish verb changes depending on the subject (the person who is doing the action). There are three main types of verbs: those ending in **ar**, those ending in **er**, and those ending in **ir**. Most verbs follow the pattern of one of these types of verbs.

hablar	to speak
(yo) hablo	I speak
(tu) hablas	you speak
(usted) habla	you speak
(él, ella) habla	he/she/it speaks
(nosotros) hablamos	we speak
(ustedes) hablan	you speak (pl.)
(ellos, ellas) hablan	they speak

comer	to eat
como	I eat
comes	you eat
come	you eat
come	he/she/it eats
comemos	we eat
comen	you eat (pl.)
comen	they eat

escribir	to write
escribo	I write
escribes	you write
escribe	you write
escribe	he/she/it writes
escribimos	we write
escriben	you write (pl.)
escriben	they write

Estar and Ser

There are two verbs meaning "to be" in Spanish: **ser** and **estar**. **Ser** is used to describe people and things and for telling time. **Estar** is used to describe the location of persons and things (for example, "He is in America.") and temporary conditions (such as, "It is raining.").

estar	ser	to be
estoy	soy	I am
estás	eres	you are (sing.)[1]
está	es	you are (sing.) he/she/it is
estamos	somos	we are
están	son	you are (pl.)/ they are

Estar is also used to make another verb form that is used to express an action that goes on for some time. When you say in English, for example, "he is talking," Spanish-speakers say **"está hablando."** It is made up of the verb "to be" and a present participle. In English, the present participle ends in "ing." In Spanish, verbs ending in **ar** change their ending to **ando** to form the present participle.

hablar to speak **hablando** speaking

Verbs ending in **er** or **ir** change their ending to **iendo.**

llover to rain **lloviendo** raining
escribir to write **escribiendo** writing

[1] estás, eres: you are (singular, informal).
está, es: you are (singular, formal).

Stem-changing verbs

Some verbs change their stems in the present tense. After dropping the infinitive endings **ar, er, ir,** the **e** of the last syllable changes to **ie,** and the **o** in the last syllable changes to **ue.** Some verbs change from **e** to **i.** The "we" form never changes.

pensar (ie) to think
pienso, piensas, piensa, pensamos, piensan
contar (ue) to count
cuento, cuentas, cuenta, contamos, cuentan
servir (i) to serve
sirvo, sirves, sirve, servimos, sirven

These verbs appear in this dictionary with their stem change in parentheses after them.

Reflexive Verbs

These are verbs that always have a special pronoun in front of them. Where in English we say "I sit down," Spanish-speakers say "I sit myself down," **me siento.** The pronoun changes depending on the subject of the verb:

sentar(se)	to sit down
me siento	I sit down
te sientas	you sit down
se sienta	you sit down he/she/it sits down
nos sentamos	we sit down
se sientan	you/they sit down

You will notice these verbs in this dictionary because of the **se** that appears at the end of the infinitive.

Useful Words and Phrases

Months, Seasons, and Days

The months

January	enero
February	febrero
March	marzo
April	abril
May	mayo
June	junio
July	julio
August	agosto
September	septiembre
October	octubre
November	noviembre
December	diciembre

The seasons

spring	la primavera
summer	el verano
autumn/fall	el otoño
winter	el invierno

The days

Monday	lunes
Tuesday	martes
Wednesday	miércoles
Thursday	jueves
Friday	viernes
Saturday	sábado
Sunday	domingo

Numbers and Telling Time

1	uno	11	once	21	veintiuno	40	cuarenta
2	dos	12	doce	22	veintidós	50	cincuenta
3	tres	13	trece	23	veintitrés	60	sesenta
4	cuatro	14	catorce	24	veinticuatro	70	setenta
5	cinco	15	quince	25	veinticinco	80	ochenta
6	seis	16	dieciséis	26	veintiséis	90	noventa
7	siete	17	diecisiete	27	veintisiete	100	cien
8	ocho	18	dieciocho	28	veintiocho	1000	mil
9	nueve	19	diecinueve	29	veintinueve		
10	diez	20	veinte	30	treinta		

Telling time

What time is it?	¿Qué hora es?
It is eight o'clock	Son las ocho
It is a quarter to nine	Son las nueve menos cuarto
It is five to five	Son las cinco menos cinco
It is a quarter after eight	Son las ocho y cuarto
It is ten after seven	Son las siete y diez
It is half past ten	Son las diez y media
It is noon	Es el mediodía
It is midnight	Es la medianoche

Countries and Continents

Africa	**Africa**	Hungary	**Hungría**
Argentina	**Argentina**	India	**la India**
Asia	**Asia**	Italy	**Italia**
Australia	**Australia**	Japan	**Japón**
Belgium	**Bélgica**	Mexico	**México**
Brazil	**Brasil**	The Netherlands	**Países Bajos**
Canada	**Canadá**	New Zealand	**Nueva Zelandia**
China	**China**	North America	**América del Norte**
Colombia	**Colombia**	Peru	**Perú**
Czechoslovakia	**Checoslovaquia**	Poland	**Polonia**
Denmark	**Dinamarca**	South America	**América del Sur**
England	**Inglaterra**	Soviet Union	**Unión Soviética**
Europe	**Europa**	Spain	**España**
France	**Francia**	Switzerland	**Suiza**
Germany	**Alemania**	United States	**Estados Unidos**
Great Britain	**Gran Bretaña**	Venezuela	**Venezuela**

Useful Words and Phrases

Yes	**Sí**
No	**No**
Please	**Por favor**
I would like . . .	**Me gustaría**
Thank you	**Gracias**
I'm sorry	**Lo siento**
Excuse me	**Perdone**
Mr.	**Señor**
Mrs.	**Señora**
Miss	**Señorita**
I do not understand.	**No entiendo.**
I do not speak Spanish.	**No hablo español.**
Please speak more slowly.	**Más despacio, por favor.**

Making friends

Hello	**Hola**
Good morning	**Buenos días**
Good afternoon	**Buenas tardes**
Good night	**Buenas noches**
Goodbye	**Adiós**
What is your name?	**¿Cómo te llamas?**
My name is Roger.	**Me llamo Roger.**
How are you?	**¿Cómo está usted?**
Very well. And you?	**Muy bien. ¿Y usted?**

Asking for directions

Where is . . . ?	**¿Dónde está . . . ?**
Where are . . . ?	**¿Dónde están . . . ?**
Where is the train station, please?	**¿Dónde está la estación de ferrocarril, por favor?**
Turn right.	**Doble a la derecha.**
Turn left.	**Doble a la izquierda.**
Go straight ahead.	**Todo recto.**
It's across from . . .	**Está enfrente de . . .**
It's next to . . .	**Está al lado de . . .**

Useful places to ask for

airport	**el aeropuerto**
bank	**el banco**
campsite	**el camping**
pharmacy	**la farmacia**
hospital	**el hospital**
police station	**la comisaria**
post office	**la oficina de correos**
station	**la estación**
tourist office	**la oficina de turismo**
youth hostel	**el albergue de juventud**

Index

el bocadillo	sandwich	60
la boda	wedding	77
la bodega	cellar	16
el boleto	ticket	72
la bolsa	bag	7
el bolsillo	pocket	54
el bombero	fireman	29
bonito, a	pretty	55
el borde	edge	26
el bosque	forest	30
la bota	boot	11
el bote	boat	11
la botella	bottle	11
el brazo	arm	6
brillante	bright	12
brincar	to hop	36
la bruja	witch	79
bueno, a	good	33
bueno, a	kind	39
la bufanda	scarf	60
el búho	owl	50
el bulbo	bulb	13
la burbuja	bubble	13
el burro	donkey	24
buscar	to look for	43
el caballito	pony	54
el caballo	horse	36
la cabeza	head	35
la cabra	goat	33
el cachorro	puppy	55
cada	each	25
la cadena	chain	16
caer(se)	to fall	27
el café	café	14
el café	coffee	19
la caja	box	12
el calcetín	sock	65
la calculadora	calculator	15
el calendario	calendar	15
caliente	hot	37
la calle	street	68
la cama	bed	9
el camarero	waiter	76
cambiar	to change	16
el camello	camel	15
el camino	path	51
el camión	truck	74
la camioneta	van	75
la camisa	shirt	62
la campana	bell	9
el campo	country	20
la canción	song	65
el cangrejo	crab	20
el canguro	kangaroo	39
cansado, a	tired	72
cantar	to sing	63
la capital	capital	15
el capullo	bud	13
la cara	face	27
el caracol	snail	65
el caramelo	candy	15
la carne	meat	45
la carne de vaca	beef	9
el carnicero	butcher	14

la carrera	race	56
la carretera	road	58
la carretilla	wheelbarrow	78
la carta	letter	42
la carta	card	15
la cartera	handbag	34
el cartero	mailman	44
la casa	house	37
casar(se)	to marry	45
la cascada	waterfall	77
la caseta	shed	62
casi	almost	5
el castillo	castle	16
cavar	to dig	23
el cazo	pot	55
la cebolla	onion	49
la cebra	zebra	80
la cena	dinner	23
el centro	middle	45
el cepillo	brush	13
el cepillo de dientes	toothbrush	73
el cepillo para el pelo	hairbrush	34
la cerca	fence	28
cerca de	by	14
cerca de	near	47
el cerdo	pig	53
la cereza	cherry	17
cerrar (ie)	to shut	63
cerrar (ie)	to close	18
el césped	lawn	41
la cesta	basket	8
la chapa	button	14
la chaqueta	jacket	38
el cheque	check	17
el chícharo	pea	52
la chimenea	chimney	17
el chimpancé	chimpanzee	17
el chiste	joke	39
el chocolate	chocolate	17
la chuleta	chop	17
chupar	to lick	42
ciego, a	blind	10
el cielo	sky	64
el ciervo	deer	22
el cine	movie theater	47
la cinta	ribbon	58
el cinturón	belt	9
el circo	circus	18
el círculo	circle	18
el cisne	swan	69
la ciudad	city	18
la clase	class	18
el clavo	nail	47
el cliente	customer	21
el coche	car	15
el cochecito	baby carriage	7
la cocina	stove	68
la cocina	kitchen	40
cocinar	to cook	20
el cocodrilo	crocodile	21
el codo	elbow	26
coger	to catch	16
coger	to pick	52
coger	to take	70
el cojín	cushion	21

la cola	tail	69
colgar(se)	to hang	34
la coliflor	cauliflower	16
la colina	hill	36
el collar	necklace	47
el color	color	19
el columpio	swing	69
el comedor	dining room	23
comenzar (ie)	to start	67
comenzar (ie)	to begin	9
comer	to eat	25
la cometa	kite	40
la comida	food	30
cómo	how	37
comprar	to buy	14
la computadora	computer	19
con	with	79
con frecuencia	often	49
la concha	shell	62
el conejo	rabbit	56
congelar(se)	to freeze	30
conocer	to know	40
construir	to build	13
contar (ue)	to tell	70
contar (ue)	to count	20
contento, a	happy	35
contra	against	4
el contrario	opposite	49
el corazón	heart	35
la corbata	tie	72
el corcho	cork	20
el cordero	lamb	41
la corona	crown	21
Correos	post office	54
correr	to flow	30
correr	to run	59
cortar	to cut	21
cortés	polite	54
la cortina	curtain	21
la cosa	thing	71
coser	to sew	61
la costa	coast	19
costar (ue)	to cost	20
crecer	to grow	33
creer	to believe	9
el cruce de carreteras	intersection	38
la cruz	cross	21
cruzar	to cross	21
la cuadra	stable	66
el cuadrado	square	66
el cuadro	picture	52
cuál	which	78
cuando	when	78
el cuarto de baño	bathroom	8
el cubo	bucket	13
el cubo	cube	21
el cubo de basura	garbage can	32
cubrir(se)	to cover	20
la cuchara	spoon	66
el cuchillo	knife	40
el cuello	neck	47
la cuerda	leash	41
la cuerda	string	68
el cuero	leather	42
el cuerpo	body	11

la cueva	cave	16
la culebra	snake	65
el cumpleaños	birthday	10
dar	to give	32
dar de comer	to feed	28
dar una patada a	to kick	39
de	about	4
de	from	31
de nuevo	again	4
de plata	silver	63
de repente	suddenly	68
debajo de	under	75
debajo de	below	9
débil	weak	77
decidir	to decide	22
decir (i)	to say	60
el dedo	finger	29
el dedo del pie	toe	72
dejar caer	to drop	24
el delantal	apron	6
deletrear	to spell	66
delgado, a	thin	71
demasiado	too	73
el dentista	dentist	22
la derecha	right	58
derretir(se) (i)	to melt	45
el desayuno	breakfast	12
descansar	to rest	58
describir	to describe	22
desde	since	63
el desierto	desert	22
despacio	slowly	64
el despertador	alarm clock	5
despertar(se) (ie)	to wake up	76
después de	after	4
desvestir(se) (i)	to undress	75
detrás (de)	behind	9
el día	day	22
el día de Navidad	Christmas	18
el diamante	diamond	23
la diapositiva	slide	64
dibujar	to draw	24
el dibujo	drawing	24
el diccionario	dictionary	23
los dientes	teeth	70
el dinero	money	46
el dinosauro	dinosaur	23
la dirección	address	4
la dirección	direction	23
el director	conductor	20
el disco	record	57
disputar	to argue	6
distinto, a	different	23
doblar	to bend	10
doblar	to turn	74
el doctor	doctor (man)	23
la doctora	doctor (woman)	23
donde	where	78
dormir (ue)	to sleep	64
el dormitorio	bedroom	9
los dos, las dos	both	11
el dragón	dragon	24
la ducha	shower	63
durar	to last	41

el durazno	peach	52
duro, a	hard	35
echar	to pour	55
echar	to throw	72
la edad	age	4
el edificio	building	13
el edredón	comforter	19
el elefante	elephant	26
emocionante	exciting	27
empujar	to push	56
en	at	7
en	in	38
en	on	49
en frente de	in front of	31
en vez de	instead of	38
encender (ie)	to light	43
encontrar (ue)	to find	29
encontrar(se) (ue)	to meet	45
enfadado, a	angry	6
la enfermera	nurse	49
enfermo, a	ill	38
el enfermo	patient	51
la ensalada	salad	60
enseñar	to show	63
entender (ie)	to understand	75
la entrada	entrance	26
entrar (en)	to enter	26
entre	among	5
entre	between	10
envolver (ue)	to wrap	80
el equipo	team	70
el erizo	porcupine	54
escalar	to climb up	18
la escalera	ladder	40
la escalera	step	67
las escaleras	stairs	66
escapar(se)	to escape	26
escoger	to choose	17
esconder(se)	hide	36
escribir	to write	80
escribir a máquina	to type	74
el escritorio	desk	23
escuchar	to listen	43
la escuela	school	61
el espacio	space	66
la espalda	back	7
el espejo	mirror	45
esperar	to wait	76
la esposa	wife	78
el esposo	husband	37
esquiar	to ski	64
el esquí	ski	63
la estación	station	67
el estanque	pond	54
estar de pie	to stand	66
la estatua	statue	67
el este	east	25
este, a	this	71
el estéreo	stereo	67
esto	this (thing)	71
la estrella	star	67
estúpido, a	stupid	68
la excavadora	bulldozer	13
excepto	except	27

el experimento	experiment	27
explicar	to explain	27
la fábrica	factory·	27
fácil	easy	25
la falda	skirt	64
la familia	family	27
famoso, a	famous	27
el fantasma	ghost	32
la farmacia	drugstore	24
el faro	headlight	35
el faro	lighthouse	43
feo, a	ugly	74
la fiesta	party	51
la figura	shape	62
la fila	row	59
el final	end	26
fingir	to pretend	55
la flecha	arrow	6
la flor	flower	30
el florero	vase	76
la foca	seal	61
el fósforo	match	45
la fotografía	photograph	52
la frambuesa	raspberry	57
la frase	sentence	61
freír (i)	to fry	31
la frente	forehead	30
la fresa	strawberry	68
el frío	cold	19
frotar	to rub	59
la fruta	fruit	31
el frutero	(fruit) bowl	11
el fuego	fire	29
los fuegos artificiales	fireworks	29
la fuente	dish	23
fuera	outside	50
fuera de	out of	50
fuerte	loud	44
fuerte	strong	68
fumar	to smoke	64
el fútbol	soccer	65
las gafas	glasses	32
la gallina	hen	36
el gallo	rooster	59
ganar	to win	79
el gancho	hook	36
el ganso	goose	33
el garaje	garage	32
el gas	gas	32
la gasolina	gasoline	32
gastar	to spend	66
el gatito	kitten	40
el gato	cat	16
el gemelo, la gemela	twin	74
la gente	people	52
el gigante	giant	32
el globo	balloon	8
gordo, a	fat	28
la gorra	cap	15
gotear	to leak	41
gracioso, a	funny	31
grande	big	10
la granja	farm	28

el granjero	farmer	28
el grano	spot	66
el grifo	faucet	28
gris	gray	33
gritar	to yell	80
la grúa	crane	20
grueso, a	thick	71
el grupo	group	33
el guante	glove	32
guardar	to keep	39
la guerra	war	77
guiar	to lead	41
la guitarra	guitar	34
el gusano	worm	80
gustar	to like	43
la habitación	room	58
hablar	to speak	66
hablar al oído	to whisper	78
hacer	to do	23
hacer	to make	44
hacer punto	to knit	40
hacia	towards	73
el hada (f)	fairy	27
la hamburguesa	hamburger	34
la harina	flour	30
hasta	until	75
la helada	frost	31
el helado	ice cream	37
el helicóptero	helicopter	35
el heno	hay	35
la hermana	sister	63
el hermano	brother	12
la herramienta	tool	73
el hielo	ice	37
la hierba	grass	33
la hija	daughter	22
el hijo	son	65
el hilo	thread	71
el hipopótamo	hippopotamus	36
la historieta	story	68
la hoguera	bonfire	11
la hoja	leaf	41
el hombre	man	44
el hombro	shoulder	62
la hora	hour	37
la hormiga	ant	6
el hospital	hospital	37
el hotel	hotel	37
hoy	today	72
el hueso	bone	11
el huevo	egg	26
la idea	idea	37
la iglesia	church	18
el impermeable	raincoat	57
importante	important	38
incorrecto, a	wrong	80
indicar con el dedo	to point	54
el insecto	insect	38
el invitado	guest	33
invitar	to invite	38
ir	to go	33
ir en barco de vela	to sail	59
la isla	island	38
la izquierda	left	42

el jabón	soap	65
el jamón	ham	34
el jardín	garden	32
la jarra	pitcher	53
la jaula	cage	14
la jirafa	giraffe	32
joven	young	80
la joya	jewel	39
el juego	game	31
jugar (ue)	to play	54
el juguete	toy	73
junto a	next to	48
juntos, as	together	72
el labio	lip	43
la labor de punto	knitting	40
el lado	side	63
ladrar	to bark	8
el ladrillo	brick	12
el ladrón	burglar	13
el ladrón	thief	71
el lago	lake	41
la lágrima	tear	70
la lámpara	lamp	41
la lana	wool	79
el lápiz	pencil	52
el lápiz de color	crayon	20
largo, a	long	43
lastimar(se)	to hurt	37
el lavabo	sink	63
la lavadora	washing machine	77
lavar(se)	to wash	77
la lección	lesson	42
la leche	milk	45
la lechuga	lettuce	42
leer	to read	57
la legumbre	vegetable	76
lejos	far	28
la lengua	tongue	73
el león	lion	43
el letrero	sign	63
levantar	to lift	42
levantar(se)	to get up	32
la librería	bookstore	11
la libreta	notebook	48
el libro	book	11
el libro de ejercicios	workbook	80
ligero, a	light	42
el limón	lemon	42
limpiar	to clean	18
limpio, a	clean	18
la lista	list	43
listo, a	clever	18
la llama	flame	29
llamar	to call	15
llamar a la puerta	to knock	40
la llave	key	39
llegar	to arrive	6
llenar	to fill	29
lleno, a	full	31
lleno, a, de baches	rough	59
llevar	to carry	16
llevar	to wear	77
llevar	to take away	7
llorar	to cry	21

llover (ue)	to rain	57	la moneda	coin	19
el loro	parrot	51	el monedero	purse	55
luego	then	71	el mono	monkey	46
la luna	moon	46	el monstruo	monster	46
la luz	light	42	la montaña	mountain	46
			montar	to ride	58
la madera	wood	79	el montón	pile	53
la madre	mother	46	morder (ue)	to bite	10
el maestro	teacher	70	morir(se)	to die	23
el mago	magician	44	la mosca	fly	30
la maleta	suitcase	69	la moto	motorcycle	46
el maletero	bellboy	9	mover (ue)	to move	46
malo, a	bad	7	mucho	much	47
la mañana	morning	46	mucho, a	a lot of	43
mañana	tomorrow	73	muchos, as	many	44
mandar	to send	61	muerto, a	dead	22
manejar	to drive	24	la mujer	woman	79
la manga	sleeve	64	el mundo	world	80
la mano	hand	34	la muñeca	doll	24
la manta	blanket	10	la música	music	47
la mantequilla	butter	14	muy	very	76
la manzana	apple	6			
el mapa	map	44	nada	nothing	48
la máquina	camera	15	nadar	to swim	69
la máquina	machine	44	nadie	nobody	48
la máquina de coser	sewing machine	61	la naranja	orange	50
la máquina de escribir	typewriter	74	la nariz	nose	48
la maquinilla	razor	57	la nata	cream	21
el mar	sea	61	necesitar	to need	47
el marinero	sailor	60	negro, a	black	10
la marioneta	puppet	55	el nene	baby	7
la mariposa	butterfly	14	el neumático	tire	72
el martillo	hammer	34	nevar (ie)	to snow	65
más	more	46	el nido	nest	48
la máscara	mask	45	la niebla	fog	30
matar	to kill	39	la niña	girl	32
la mayoría	most	46	el niño	boy	12
las medias	stockings	67	los niños	children	17
la medicina	medicine	45	la noche	night	48
medio, a	half	34	el nombre	name	47
medir (i)	to measure	45	el norte	north	48
la mejilla	cheek	17	la novia	bride	12
mejor	better	10	el novio	bridegroom	12
el, la mejor	best	10	la nube	cloud	19
el menú	menu	45	el nudo	knot	40
el mercado	market	44	nuevo, a	new	48
la merienda en el	picnic	52	la nuez	nut	49
campo			el número	number	48
la mermelada	jam	38	nunca	never	48
el mes	month	46			
la mesa	table	69	o	or	50
el metal	metal	45	el obstáculo	bump	13
el metro	subway	68	ocupado, a	busy	14
la miel	honey	36	el oeste	west	77
mientras	as	7	la oficina	office	49
mientras	while	78	oír	to hear	35
la mili	army	6	el ojo	eye	27
el minuto	minute	45	la ola	wave	77
mirar	to look at	43	oler	to smell	64
el mirlo	blackbird	10	olvidar	to forget	30
mismo, a	same	60	la oreja	ear	25
la mochila	knapsack	40	la orilla	bank	8
el modelo	model	46	el oro	gold	33
mojado, a	wet	77	la oruga	caterpillar	16
el molino de viento	windmill	79	oscuro, a	dark	22

Spanish	English	Page
el osito de felpa	teddy bear	70
el oso	bear	8
otro, a	another	6
otro, a	other	50
la oveja	sheep	62
el padre	father	28
los padres	parents	51
pagar	to pay	52
la página	page	50
el país	country	20
el pájaro	bird	10
la pala	shovel	63
la palabra	word	79
el palacio	palace	51
el palo	stick	67
el pan	bread	12
el panadero	baker	7
los pantalones	pants	51
los pantalones ajustados	tights	72
los pantalones cortos	shorts	62
los pantalones vaqueros	jeans	39
el pañuelo	handkerchief	34
la papa	potato	55
las papas fritas	French fries	31
el papel	paper	51
el papel de empapelar	wallpaper	76
el paquete	package	50
el par	pair	50
para	for	30
el paracaídas	parachute	51
la parada de autobús	bus stop	14
el paraguas	umbrella	74
parar(se)	to stop	67
pardo, a	brown	13
parecer	to seem	61
la pared	wall	76
el parque	park	51
la parte alta	top	73
partir	to break	12
el pasaporte	passport	51
pasar	to happen	35
pasar	to pass	51
la Pascua	Easter	25
el paseo	walk	76
la pasta de dientes	toothpaste	73
el pastel	pie	53
la pata	paw	51
patinar	to skate	63
el pato	duck	25
el payaso	clown	19
el pecho	chest	17
pedir (i)	to ask for	7
pedir (i)	to order	50
pegar	to hit	36
peinar(se)	to comb	19
el peine	comb	19
pelear	to fight	28
la película	movie	47
el peligro	danger	22
pellizcar	to pinch	53
el pelo	fur	32
el pelo	hair	34
el peluquero	hairdresser	34
pensar (ie)	to think	71
el pepino	cucumber	21
pequeño, a	short	62
pequeño, a	small	64
la pera	pear	52
perder (ie)	to miss	45
perdido, a	lost	43
perezoso, a	lazy	41
el periódico	newspaper	48
pero	but	14
la perrera	doghouse	24
el perrito caliente	hot dog	37
el perro	dog	23
perseguir (i)	to chase	16
pesado, a	heavy	35
pesar	to weigh	77
pescar	to fish	29
el pez	fish	29
el piano	piano	52
el pico	beak	8
el pie	foot	28
la piedra	stone	67
la piel	skin	64
la pierna	leg	42
el pijama	pyjamas	56
el piloto	pilot	53
la pimienta	pepper	52
la piña	pineapple	53
pintar	to paint	50
la pintura	paint	50
la pipa	pipe	53
la piscina	swimming pool	69
el piso	floor	29
la pizarra	blackboard	10
la plancha	iron	38
planchar	to iron	38
plano, a	flat	29
la planta	plant	53
plantar	to plant	53
el plátano	banana	8
el platillo	saucer	60
el plato	plate	54
la playa	beach	8
la pluma	feather	28
la pluma	pen	52
pobre	poor	54
pocos, as	few	28
el policía	policeman	54
el pollito	chick	17
el pollo	chicken	17
el polvo	dust	25
poner	to put	56
por	through	72
por encima de	above	4
por qué	why	78
por todas partes	everywhere	27
porque	because	9
la portilla	gate	32
el prado	field	28
el precio	price	55
la pregunta	question	56
el premio	prize	55
primero, a	first	29
probar (ue)	to taste	70

profundo, a	deep	22
prometer	to promise	55
pronto	soon	65
el pudín	pudding	55
el pueblo	town	73
el puente	bridge	12
el puerco	pork	54
la puerta	door	24
el puerto	harbor	35
el puerto	port	54
el pulgar	thumb	72
el pulpo	octopus	49
la pulsera	bracelet	12
la puntilla	lace	40
purpúreo, a	purple	55
qué	what	78
quedar(se)	to stay	67
quemar(se)	to burn	13
querer (ie)	to like	43
querer (ie)	to want	76
el queso	cheese	17
quién	who	78
el radiador	radiator	56
la radio	radio	56
la raíz	root	59
la rama	branch	12
el ramo	bunch	13
la rana	frog	31
rápido	fast	28
rascar(se)	to scratch	61
rasgar	to tear	70
la rata	rat	57
el ratón	mouse	46
real	real	57
la rebanada	slice	64
recibir	to receive	57
recoger	to pick up	52
reconocer	to recognize	57
recordar (ue)	to remember	58
recortar	to cut out	21
recto, a	straight	68
redondo, a	round	59
el refrigerador	refrigerator	57
regalar	to offer	49
el regalo	present	55
rehusar	to refuse	57
la reina	queen	56
reir(se) (i)	to laugh	41
el relámpago	lightning	43
el reloj	clock	18
el reloj	watch	77
remar	to row	59
el remolque	trailer	74
reparar	to fix	29
repartir(se)	to share	62
el repollo	cabbage	14
resbalar(se)	to slide	64
respirar	to breathe	12
la revista	magazine	44
el revólver	gun	34
el rey	king	39
rico, a	rich	58
el rincón	corner	20

el río	river	58
robar	to steal	67
la roca	rock	58
rodear	to surround	69
la rodilla	knee	40
rojo, a	red	57
el rompecabezas	puzzle	56
la rosa	rose	59
rosado, a	pink	53
rubio, a	blond	11
la rueda	wheel	78
rugir	to roar	58
el ruido	noise	48
la sábana	sheet	62
saber	to know	40
sacar brillo	to polish	54
el saco	sack	59
sacudir	to shake	62
la sal	salt	60
la sala de estar	living room	43
la salchicha	sausage	60
salir	to leave	42
la salsa	sauce	60
saltar	to jump	39
salvo, a	safe	59
la sandalia	sandal	60
la sangre	blood	11
la sartén	frying pan	31
secar	to wipe	79
seco, a	dry	25
seguir (i)	to follow	30
el sello	stamp	66
el semáforo	traffic light	73
la semilla	seed	61
la señal	mark	44
sentar(se) (ie)	to sit	63
ser de	to belong to	9
servir (i)	to serve	61
la seta	mushroom	47
el seto	hedge	35
si	if	38
siempre	always	5
la sierra	saw	60
el silbato	whistle	78
silencioso, a	quiet	56
la silla	chair	16
el sillón	easy chair	25
sin	without	79
el sitio	place	53
sobre	over	50
el sobre	envelope	26
el sofá	sofa	65
la soga	rope	59
el sol	sun	69
el soldado	soldier	65
sólo	only	49
solo, a	alone	5
la solución	answer	6
la sombra	shadow	61
el sombrero	hat	35
soñar (ue)	to dream	24
sonar (ue)	to ring	58
sonreír (i)	to smile	64
la sopa	soup	66

la sorpresa	surprise	69
sostener	to hold	36
subir	to go up	75
el submarino	submarine	68
sucio, a	dirty	23
el suéter	sweater	69
el suelo	ground	33
el supermercado	supermarket	69
el sur	south	66
tal vez	perhaps	52
el tallo	stem	67
también	also	5
el tambor	drum	25
tan . . . como	as . . . as	7
la tapa	lid	42
la tarde	afternoon	4
tarde	late	41
la tarea	homework	36
la tarjeta	postcard	54
el tarro	jar	38
la tarta	cake	14
el taxi	taxi	70
la taza	cup	21
el té	tea	70
el teatro	theater	71
el tebeo	comic book	19
el techo	ceiling	16
el tejado	roof	58
la telaraña	cobweb	19
el teléfono	telephone	70
la televisión	television	70
temprano	early	25
el tendero	grocer	33
el tenedor	fork	30
tener(i)	to have	35
tener calor	to be warm	77
tener hambre	to be hungry	37
tener miedo	to be afraid	4
tener prisa	to be in a hurry	37
tener sed	to be thirsty	71
el tenis	tennis	71
terminar	to finish	29
el ternero	calf	15
el tesoro	treasure	74
la tetera	kettle	39
la tetera	teapot	70
la tía	aunt	7
el tiburón	shark	62
la tienda	store	67
la tienda de campaña	tent	71
la tierra	earth	25
el tigre	tiger	72
las tijeras	scissors	61
el tío	uncle	75
el tipo	sort	65
el tipo	kind	39
tirar de	to pull	55
la tiza	chalk	16
la toalla	towel	73
tocar	to feel	28
tocar	to touch	73
todo	everything	27
todo el mundo	everyone	27
todos, as	all	5
todos, as	every	26

el tomate	tomato	72
la tormenta	storm	67
el toro	bull	13
la toronja	grapefruit	33
la torre	tower	73
la tortita	pancake	51
toser	to cough	20
trabajar	to work	79
el tractor	tractor	73
traer	to bring	12
tragar	to swallow	69
el traje	suit	68
el traje de baño	swimsuit	69
travieso, a	naughty	47
el tren	train	74
el triángulo	triangle	74
el trigo	wheat	78
triste	sad	59
triste	unhappy	75
la trompeta	trumpet	74
el trozo	piece	53
el tulipán	tulip	74
último, a	last	41
unir	to join	39
untar	to spread	66
usar	to use	75
útil	useful	75
la uva	grape	33
la vaca	cow	20
las vacaciones	vacation	75
vaciar	to empty	26
vacío, a	empty	26
el valle	valley	75
el vaquero	cowboy	20
el vaso	glass	32
la vela	candle	15
vender	to sell	61
venir	to come	19
la ventana	window	79
ver	to see	61
verde	green	33
el vestido	dress	24
vestir(se) (i)	to dress	24
la vía del ferrocarril	railroad track	56
la vida	life	42
viejo, a	old	49
el viento	wind	79
el violín	violin	76
visitar	to visit	76
vivir	to live	43
volar (ue)	to fly	30
la voz	voice	76
la vuelta	change	16
y	and	5
ya	already	5
ya	now	48
la zanahoria	carrot	15
la zapatilla	slipper	64
el zapato	shoe	62
el zoo	zoo	80
la zorra	fox	30